だれか来る日に、便利なおかず

おうちにだれかを招いて、
手料理でおもてなし。
友だちや家族、親戚と、おいしい料理を囲んで、
リラックスして過ごしたい。
そんなときに役立つ、
ベターホームの先生たちおすすめの
レシピとアイディアを集めました。
料理に追われて、キッチンにこもりっぱなし、
なんてことがないように、
前もって作っておけるもの、
すぐにできるものばかりです。

おもてなし、とはいっても、
ふだん作っているごはんに、
ほんのひとくふうするだけでOK。
あとは、材料をちょっと豪華にしてみたり、
盛りつけをくふうしてみたり。
1品多く作る、だけでも充分。
大切なのは、「来てくれてありがとう」という
気持ちです。

さあ、みんなで
ごはんを食べましょう。
家族がそろう日の
ごはんにもぴったりです。
大切な人と、おうちでごはんを食べる、
それだけで、立派なおうちパーティーです。

ベターホーム協会

目　次

06 ｜ おうちパーティーを開くコツ 7

まずは気楽に、おうちランチ

10　**Scene 01**
とりとトマトのピラフランチ
とりとトマトのピラフ／カリ・ポテサラダ／
パプリカのスープ

12　**Scene 02**
クリームチーズペンネのランチ
クリームチーズペンネ／アンティパスト3種／
ジンジャーシャーベット

14　**Scene 03**
サンドイッチプレートのランチ
アボカドのココット焼き／ビーンズサラダ／
クラッシュゼリー／ソーセージのソテー／
エンダイブ／パン&バター

16　**Scene 04**
お手製ハッシュドビーフのランチ
ハッシュドビーフ／かんたんマッシュポテト／
焼きベジサラダ／フルーツポンチ

18　**Scene 05**
はるさめヌードルのランチ
とりのはるさめヌードル／ナンプラー焼きおにぎり／
えびのエスニックサラダ／
紫いものココナッツミルク煮

20　**Scene 06**
豚スペアリブのみそ煮ランチ
豚スペアリブのみそ煮／
コロコロ野菜の具だくさん汁／
かぶのさっぱり甘酢漬け／雑穀ごはん

22　**Scene 07**
たいのだし茶漬けランチ
たいのだし茶漬け／カラフル卵焼き／
オクラのおかかあえ／ひと口あずきシャーベット

24　まずはコレッ！
作っておくと便利な前菜
1　火を使わずに作れる、かんたんオードブル
サーモンのチコリカップ／
トマトとモッツァレラのカプレーゼ／
かいわれのハムマヨ巻き／
かまぼこの梅しそサンド／イクラのきゅうりボート
2　野菜がたっぷり食べられるディップ
アボカドディップ／めんたいマヨディップ／
とうふディップ
3　あると便利なチーズのオードブル
カマンベールのチーズフォンデュ／
ぱりぱりチーズせんべい

30　ベターホームの先生がやっている
ゲストに喜ばれるパーティーの小ワザ

"おうちパーティー"のお得ポイント ▶

1. おさいふにやさしく

手作りのよいところは、外食よりもだんぜん費用を安くあげられるところ。料理や飲みものを持ちよりにしたり、会費制にしたりすると、もっと気軽におうちパーティーができます。

ちょっと頑張る、おうちパーティー

36	**Scene 01** おうちレストランパーティー

豚ヒレ肉のポットロースト／
たこのカルパッチョ風サラダ／
焼きズッキーニのパン粉がけ／カリカリトースト

40	**Scene 02** おうち居酒屋パーティー

手羽先焼き2種／スティック春巻き2種／
五目炊きこみごはん／れんこんの梅サラダ／
冷やしトマト

44	**Scene 03** アジアの屋台風パーティー

ルーローハン（魯肉飯）／エスニックスープ／
ピータンどうふ／サーモンの生春巻き／
マンゴープリン

48	**Scene 04** 京のおばんざいパーティー

ぶりだいこん／ミニ焼きとり／
みず菜と油揚げの炊いたん／生麩の白みそ煮／
にんじんとこんにゃくのくるみ白あえ／
雑穀ごはんのおにぎり／漬けもの

52	**Scene 05** みんなが喜ぶイタリアンパーティー

ルッコラの生ハム巻き／なすのガーリックマリネ／
魚介と野菜のオーブン焼き／コーヒーゼリー

54	**Scene 06** グツグツおでんパーティー

具だくさんおでん／はくさいのゆず茶あえ／
ひと口切りむすび

56	**Scene 07** わが家じまんのカレーパーティー

わが家じまんのカレー／ターメリックライス／
トマトとたまねぎのカチュンバル／ラッシー

58	料理の盛りつけのコツ

2. 時間を気にせず

人気のお店では「2時間まで」などの制約がありますが、自宅なら気兼ねなく、楽しい時間をたっぷりと共有できます。

みんなで作る、わいわいパーティー

64	**Scene 01** カップずしパーティー	78	いかのマリネサラダ
		79	ししゃもの南蛮漬け／ミニトマトのカラフルピクルス
66	**Scene 02** 焼きたてピザパーティー	80	かんたんナムル3種
		81	かぼちゃとさつまいものサラダ／切り干しだいこんとひじきのさっぱりサラダ
68	**Scene 03** お好み焼きパーティー	82	ポン・デ・ケージョ
		83	シリアルチョコ
		84	洋風ミニどら焼き
		85	カトルカール／コーヒーいもようかん

 **プラス もう1品** 持ちよりパーティーにも使える！ ほしいときのおすすめレシピ

70	とりのセサミから揚げ
71	棒つくね3種
72	えびコチュマヨ
73	ミートローフ
74	韓国風のり巻き
75	うなぎ棒ずし
76	2種のびっくりサンド
77	ベーコンとほうれんそうのキッシュ

86	**いつものおかずで、おもてなし**
90	**あると便利な、おうちパーティーグッズ**
92	**おうちパーティーの準備チェックリスト**
93	**番外編 パーティーに参加する心得 7**

3. 子どももお年寄りも

小さい子どもやお年寄りが一緒だと、なかなか外食は難しいもの。お店でのマナーや人目が気になることも。でも、自宅では、気心知れた仲間だけで楽しめます。いつもは自宅でお留守番しているかわいいペットも、もちろん一緒です。

先生のかんたんレシピ

60	かんたんトライフル
65	アイスクリームサンド
67	フルーツピザ
69	フルーツ味のサイダー

パーティーの小ワザ

15	チョコレートやキャンディを用意
17	野菜やくだものを型ぬき
27	市販のお菓子を素敵に
39	ドリンククーラーの代わりに土鍋を
57	辛口と甘口のカレーを用意
60	ワンプレートに盛る
69	お好み焼きパーティーの〆（しめ）
91	ペーパーナプキンでカトラリー入れ

02	"おうちパーティー"のお得ポイント
94	さくいん

この本のきまり

前もって「やっておける作業」と、直前の「しあげの作業」で、作り方の手順の番号を色分けしています。

● **やっておける作業**…おもてなしの当日にやっておける作業（数時間ほど、作りおいてもOKなもの）

● **しあげの作業**……ゲストが来て、料理を出す直前に行う作業

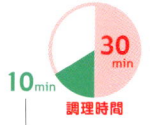

やっておける作業 にかかる時間

しあげの作業 にかかる時間

 作りおき…前の晩、もしくは半日くらい前から作っておける料理です。

 子ども……子どもにも食べやすい味の料理です。

○**計量の単位**
カップ1＝200ml　大さじ1＝15ml　小さじ1＝5ml
米用カップ1＝180ml（mlはccと同じ）

○**だし**
かつおだしをさします。だしの素を使うときは、商品の表示どおりに使います。

○**スープの素**
ビーフ、チキンなど、お好みで。

○**電子レンジ**
加熱時間は500Wでのめやす時間です。600Wなら、加熱時間は0.8倍にしてください。

○**オーブン**
設定温度は電気オーブンでのめやすです。ガスオーブンを使うときは、10〜20℃ほど低めに設定してください。

○**フライパン**
フッ素樹脂加工のフライパンを使っています。鉄製のフライパンを使うときは、油の量を倍にしてください。

4. みんながリラックスして楽しめる

招いた側はもちろん、招かれた側も、自宅ならではのアットホームな雰囲気にリラックス。ふだんの生活のようすや好みを知ることができ、会話もはずみます。「来てくれてありがとう」「招いてくれてありがとう」という、お互いの「ありがとう」の気持ちを大切に。

おうちパーティーを開く コツ7

7 points

おうちパーティーは楽しみなものの、いざ開くとなったら、やることは盛りだくさん。「料理は何にしよう？ 量は？」「あ、部屋のそうじも！」と、気持ちばかりが焦ります。そこで、頑張りすぎずに、ゲストから「おもてなし上手」と思われるコツをまとめました。ベターホームの先生たちが実践しているアイディアもご覧ください（→p.30〜33）。

point 1 パーティーのテーマなどを決める

まずは、パーティーのテーマ（目的）、メンバー、人数、日時（時間帯）などを決めます。

point 2 ゲストが喜ぶことをいちばんに考える

たとえば、「子どもがたくさん集まるから、お手伝い感覚で楽しめるピザパーティーにしよう」（→p.66〜67）「○○さんが好きなおでんを、ひと味変えて出そう」（→p.54〜55）など、ゲストに合わせて、パーティーの内容を考えます。

point 3 準備の計画を立てる

〔料理〕〔買いもの〕〔そうじ〕の3本柱で、計画を立てます。〔〜1週間前まで〕〔前日〕〔当日〕の時間軸も忘れずに。

たとえば〔買いもの〕なら、「手に入りにくい材料は、大きなスーパーに行ける日に」。〔そうじ〕なら、「照明をふく」「クッションカバーを洗う」など、ひんぱんにしなくてもよいことは前の週末にすませます。

〔料理〕は、「パーティーの間、ずっとキッチンにこもりっぱなし」なんてことがないように、しっかり計画を立てましょう。

p.92 準備チェックリストを使いこなそう！

point 4 料理は、〔メイン〕〔サブ〕〔デザート〕を基本に

まずは、ゲストの好き嫌いを聞くことを忘れずに。調理の段どりも考えて、メニューを細かく決めていきます。

「前もって作っておけるもの」「当日すぐに作れるもの」「ゲストが来て、オーブンでしあげるだけのもの」「炊飯器におまかせのもの」など、料理の組み合わせを考えます。

> **「さすが」と言われる料理のポイント**
> 食材、味つけや調理法にバラエティがあると、食べごたえがあり、ゲストに満足してもらえます。味つけは、〔こってり〕〔さっぱり〕、〔温かい〕〔冷たい〕などをバランスよく組み合わせましょう。

point 5 飲みものやパンは、多めに用意

アルコールは、ビール、ワイン、日本酒など、料理との相性やゲストの好みを考えて、何種類か用意しておきましょう。お茶やジュースなどのソフトドリンクも忘れずに。水は、ピッチャーなどに用意しておきます。

パンやクラッカーなど、料理と一緒につまめるものもあると喜ばれます。

point 6 うまく手ぬきをして、余裕をもつ

メニューの組み合わせは、この本で紹介しているとおりにする必要はありません。「この料理は自分の得意料理と似ているから、それにさしかえよう」「おいしい市販品を買ってきて、この料理のように盛りつけよう」などと、この本を参考にしながら、うまく手をぬきましょう。

> **この本のこのページを参考に**
> ・p.24〜29… 作っておくと便利な前菜
> ・p.70〜85… ＋もう1品ほしいときのおすすめレシピ
> ・p.86〜89… いつものおかずで、おもてなし

point 7 自分も楽しむ

パーティーの間、ゲストと一緒に料理や会話を楽しむのはもちろん、パーティーの準備から、自分も楽しみましょう。「○○さんは、この料理が大好きだから、喜ぶかな」「ふだんは手伝わない子どもが、パーティーのときは、はりきってそうじするから助かる」「せっかくだから、カーテンを新調しちゃった」など、いつもとは違う楽しみがたくさんあります。

まずは気楽に、おうちランチ

だれかを招いて、おうちでおもてなし、…なんてやったことない。
お料理も慣れてないから自信がない…。
そんなときは、
まずは気楽に、お友だち2～3人をよんで、
ランチパーティーから始めてみては？
ふだん作っているごはんの
材料や盛りつけをひとくふうするだけでOKです。

ランチだから、ボリュームは軽めでOK

ワンプレートに盛ればカフェ風に

1品ずつ盛れば定食屋さん風に

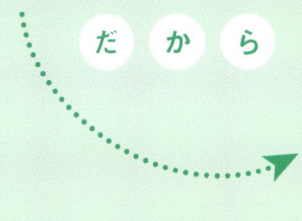
だから

料理は2〜3品あれば、充分！

人を招くとき、気合を入れてそうじする場所

1. リビング・ダイニングルーム
もっとも長く過ごすところです。テレビ画面のホコリとりも忘れずに

2. キッチン
ここが汚れていると、作った料理の印象も悪くなってしまいます

3. 玄関
芳香剤を置いたり、アロマオイルをたいたりしても

4. トイレ、洗面所
パーティーの合間にも、汚れていないかチェックします

Scene 01 具だくさんでボリュームあり
とりとトマトのピラフランチ

メインのピラフを炊飯器にまかせている間に、サラダとスープを作ります。
当日の時間が心配なら、サラダは前日に作りおいてもOK

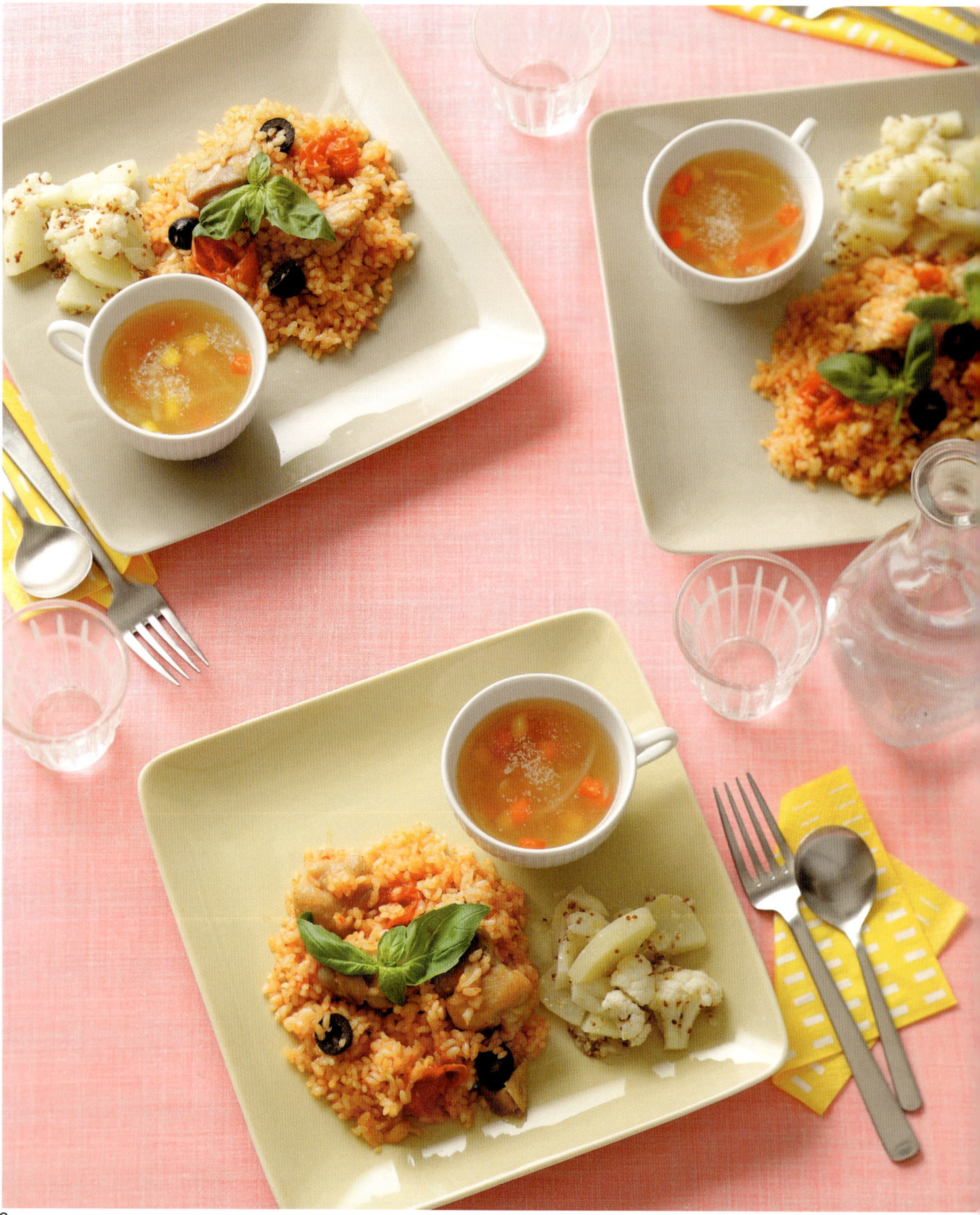

とりとトマトのピラフ

材料 (4人分)

とりもも肉 — 大1枚 (300g)
A ┌ 塩 — 小さじ1/3
　└ こしょう — 少々
たまねぎ — 1/2個 (100g)
ミニトマト — 8個
バター — 10g
オリーブ油 — 大さじ1/2
米 — 米用カップ2 (300g)
B ┌ カットトマト水煮缶詰 — 150g
　│ 固形スープの素 (きざむ) — 1個
　│ 塩 — 小さじ1/3
　└ こしょう — 少々
黒オリーブ (種なし・半分に切る) — 6個分
バジル (飾り用) — 少々

調理時間 20min / 15min
(炊飯などの約1時間は除く)

作り方 ●1人分 482kcal

1 米は洗って水気をきります。
2 たまねぎはあらみじん切りにします。ミニトマトはへたをとります。とり肉はひと口大に切り、Aをふります。
3 フライパンにオリーブ油を強めの中火で温め、皮を下にして肉を入れます。焼き色がついたら裏返して火を弱め、ふたをして火を通します。とり出します。
4 続けて同じフライパンにたまねぎを入れ、しんなりするまで中火でいためます。
5 炊飯器に米、たまねぎ、Bを入れてざっと混ぜます。2合の目盛りのところまで、水を適量(200〜250ml・材料外)加えます。ざっと混ぜ、ミニトマトと、バターをちぎってのせ、ふつうに炊きます。
6 炊きあがったら肉を加え、10〜15分蒸らします。全体を軽く混ぜ、オリーブを加えます。器に盛り、バジルを飾ります。

カリ・ポテサラダ

前日作りおき

材料 (4人分)

カリフラワー — 1/2個 (正味100g)
じゃがいも — 大1個 (200g)
A ┌ たまねぎ — 30g
　│ 酢 — 大さじ1
　│ 白ワイン — 大さじ1/2
　│ 粒マスタード — 大さじ1
　│ 塩 — 少々
　│ こしょう — 少々
　└ サラダ油 — 大さじ2
B ┌ 水 — 600ml
　└ 塩 — 小さじ1/6

調理時間 15min

作り方 ●1人分 95kcal

1 カリフラワーは小房に分けます。じゃがいもは5mm厚さのいちょう切りに、たまねぎはみじん切りにします。
2 ボールにAを合わせます。
3 鍋にBとじゃがいもを入れて火にかけます。約2分ゆでて、いもをとり出します。カリフラワーと酢小さじ1(材料外)を加え、1〜2分、少しかためにゆでてざるにとります。
4 3をAであえます。

パプリカのスープ

材料 (4人分)

パプリカ (赤) — 1/4個 (約40g)
パプリカ (黄) — 1/4個 (約40g)
たまねぎ — 1/4個 (50g)
A ┌ 水 — 600ml
　└ 固形スープの素 — 1個
塩 — 小さじ1/8
こしょう — 少々
粉チーズ — 小さじ1

調理時間 10min / 5min

作り方 ●1人分 14kcal

1 たまねぎは薄切り、パプリカは6〜7mm角に切ります。
2 鍋にAとたまねぎを入れ、ふたをして5〜6分、中火で煮ます。塩、こしょう、パプリカを加えて火を止めます。
3 器に盛り、粉チーズをふります。

\ Scene / 濃厚ソースがくせになりそう
02 クリームチーズペンネのランチ

まずは気軽に

スパゲティよりものびにくいペンネは、おもてなしにおすすめ。ソースは事前に作っておいて、ペンネをゆでるときに温めなおすと、直前に焦りません

クリームチーズペンネ

子ども

15min / 15min 調理時間

材料（4人分）

ペンネ — 200g
ベーコン（厚切り）— 120g
エリンギ — 1パック（100g）
オリーブ油 — 大さじ1/2
白ワイン — 50ml
A［牛乳 — 200ml　クリームチーズ — 100g］
塩 — 小さじ1/3　黒こしょう — 少々

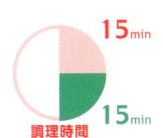

作り方　●1人分 454kcal

1 クリームチーズは2cm角に切り、室温においてやわらかくしておきます。エリンギは縦半分に切って1cm幅の斜め切りに、ベーコンは7〜8mm幅の棒状に切ります。

2 フライパンにオリーブ油を温め、ベーコンを弱火で1〜2分いためます。エリンギを加えて中火でいため、しんなりしたら白ワインを加え、ふたをして2〜3分加熱します。

3 一度火を止め、Aを加えてざっと混ぜ、弱火にかけてチーズを溶かします（沸とうさせないように）。塩を加えて火を止めます。

4 ペンネは表示どおりにゆでます。**3**に加えてからめます。器に盛り、黒こしょうをふります。

ジンジャーシャーベット

前日作りおき

20min 調理時間（冷やし固める約3時間は除く）

材料（4人分）

［ゼラチン — 小さじ1/2（1.5g）
　水 — 大さじ1］
A［砂糖 — 40g　水 — 200ml］
B［しょうが汁 — 大さじ1
　ホワイトキュラソー（好みで）— 大さじ1］

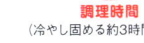

作り方　●1人分 53kcal

1 ゼラチンは分量の水にふり入れ、15分ほどおきます。

2 鍋にAを入れて中火にかけ、砂糖を溶かします。火を止めて**1**を加え、余熱で溶かします。あら熱がとれたら、Bを加えます。

3 容器に移し、冷凍庫で2〜3時間冷やし固めます（途中で2〜3回、フォークで全体をかき混ぜます）。

アンティパスト3種

1.ほたてのカルパッチョ

10min / 5min 調理時間

材料（4人分）

ほたて貝柱（生食用）— 4個（80g）
A［しょうゆ・塩・こしょう — 各少々
　レモン汁 — 小さじ1/2
　オリーブ油 — 小さじ1］
プレーンクラッカー — 8枚
レモン（いちょう切り）— 4枚
クレソンの葉 — 少々

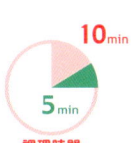

作り方　●1人分 54kcal

1 ほたては厚みを半分に切ります。

2 Aは合わせ、ほたてをあえます。

3 2枚重ねたクラッカーに**2**を盛り、レモンとクレソンの葉を飾ります。

2.ミニトマトときゅうりのピンチョス

材料（4人分）

ミニトマト — 8個
きゅうり — 1/2本

作り方　●1人分 9kcal

1 きゅうりは皮をしま目にむき、5mm厚さに切ります。ミニトマトと一緒にピックで刺します。

3.クレソンとくるみのサラダ

材料（4人分）

クレソン — 1束（40g）
くるみ（ローストずみ）— 10g
ピンクペッパー — 適量
A［マヨネーズ — 大さじ1
　牛乳・レモン汁 — 各小さじ1
　塩・こしょう — 各少々］

作り方　●1人分 41kcal

1 Aは合わせてよく混ぜます。

2 クレソンは2〜3cm長さに切り、くるみはあらくきざみます。器に盛り、ピンクペッパーを散らします。

3 **2**にAをかけます。

\Scene/ 03 **デザートつきのうれしいひと皿**
サンドイッチプレートのランチ

まずは気軽に

各自がパンにのせたりはさんだりして食べるので、作るのはとってもかんたん。
パンは、ココット焼きを作ったトースターの余熱で温めましょう

アボカドのココット焼き

材料（4人分）
アボカド — 1個
A [マヨネーズ — 大さじ2
　　牛乳 — 大さじ1/2
　　練りわさび — 小さじ1/2～1
　　塩 — 少々]
パン粉 — 大さじ1

調理時間 10min

作り方　●1人分 111kcal
1 アボカドは種をとって皮をむき、2cm角に切ります。
2 Aは合わせ、アボカドをあえます。耐熱容器に等分に入れ、パン粉をふります。オーブントースターで6～7分、焼き色がつくまで焼きます。

ビーンズサラダ

材料（4人分）
ミックスビーンズ（サラダ用） — 1缶（120g）
きゅうり — 1本
たまねぎ — 40g
A [白ワインビネガー* — 大さじ2
　　白ワイン — 大さじ1
　　塩 — 小さじ1/3
　　こしょう — 少々
　　サラダ油 — 大さじ3]
*ふつうの酢でも

調理時間 10min（漬ける時間は除く）

作り方　●1人分 118kcal
1 きゅうりは7～8mm角に切ります。たまねぎはみじん切りにします。
2 Aは合わせ、1と豆を加え、30分以上おいてなじませます。

クラッシュゼリー

材料（4人分）
りんごジュース — 250ml
[ゼラチン — 大さじ1（8g）
　水 — 50ml]
砂糖 — 大さじ3
白ワイン — 大さじ1*
季節のくだもの（写真はいちご） — 適量
*子どもがいるときは省く

調理時間 20min / 5min（冷やし固める約2時間は除く）

作り方　●1人分 69kcal
1 ゼラチンは分量の水にふり入れ、15分以上おきます。
2 鍋にジュースと砂糖を入れて中火にかけ、砂糖が溶けたら火を止めてワインを加えます。1を加えて溶かします。
3 容器に入れ、冷蔵庫で冷やします（約2時間以上）。固まったらフォークなどであらくくずします。
4 くだものを切って混ぜ、器に盛ります。

そのほかに

☞ ソーセージのソテー

☞ エンダイブ（レタスでも）

☞ パン＆バター

パーティーの小ワザ

おみやげにもできる
チョコレートやキャンディを
用意します

個包装のチョコレートやキャンディをバスケットに入れてテーブルに置いて、食後に気軽につまんでもらいます。余ったら、おみやげにもできます
（渋谷教室　竹田恵里）

Scene 04 子どもも大人もみんなが大好き
お手製ハッシュドビーフのランチ

作りおきできるハッシュドビーフは、おもてなしにぴったり。
できれば前日に作ったほうがよりおいしくなります。ごはんにもよく合います

ハッシュドビーフ

材料（4人分）
牛切り落とし肉 — 300g
A ┌ 塩 — 小さじ1/3
　├ こしょう — 少々
　└ 小麦粉 — 大さじ1 1/2
たまねぎ — 大1個（300g）
マッシュルーム — 1パック（100g）
まいたけ — 1パック（100g）
にんにく — 1片
バター — 15g
B ┌ 水 — 400ml　赤ワイン — 100ml
　├ ドミグラスソース — 1缶（290g）
　├ トマトケチャップ — 大さじ2
　└ 固形スープの素 — 1個　ローリエ — 1枚

作り方　●1人分 354kcal
1 たまねぎ、マッシュルームは薄切りに、にんにくはみじん切りにします。まいたけは小房に分けます。肉にAを順にまぶします。
2 鍋にバターを温め、たまねぎとにんにくを加え、強めの中火で薄茶色になるまでいためます。肉を加え、色が変わるまでいためます。マッシュルームとまいたけを加えてさっといためます。
3 Bを加えて強火にして、沸とうしたらアクをとります。ふたをずらしてのせ、弱めの中火で約15分、時々底からかき混ぜながら煮ます。こしょう少々（材料外）で味をととのえます。

かんたんマッシュポテト

材料（4人分）
じゃがいも — 2個（300g）
A ┌ 牛乳 — 大さじ3　バター — 5g
　└ 塩 — 小さじ1/6　こしょう — 少々

作り方　●1人分 69kcal
1 じゃがいもは皮をむいて6つに切り、水にさらします。鍋に入れてひたひたの水を加え、やわらかくなるまでゆでて水気をとばします。
2 じゃがいもをざっとつぶし、熱いうちにAを加えてよく混ぜます。ハッシュドビーフに添えます。

焼きベジサラダ

材料（4人分）
グリーンアスパラガス — 4本
かぶ — 1個（100g）
ラディッシュ — 4個
オリーブ油 — 大さじ1/2
塩・こしょう — 各少々

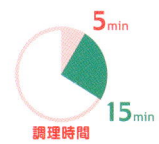

作り方　●1人分 26kcal
1 アスパラガスは長さを半分に、かぶは8つのくし形に切ります。ラディッシュは十字に切りこみを入れます。
2 フライパンにオリーブ油を温めて**1**を入れ、弱めの中火で焼き色がつくまでじっくりと焼きます。器に盛り、塩、こしょうをふります。

フルーツポンチ

材料（4人分）
りんご — 1/2個
オレンジ — 1個
キウイフルーツ — 1個
サイダー — 300ml

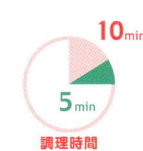

作り方　●1人分 73kcal
1 くだものは食べやすく切ります（食べるまでに時間があくときは、りんごを薄い塩水にくぐらせます）。
2 器に盛り、サイダーをそそぎます。

パーティーの小ワザ

くだものや野菜をかわいいぬき型で型ぬきします

○りんごを輪切りにして、まん中の芯のところを型ぬきすると、子どもが喜びます（難波教室　鳥羽公子）
○にんじんのグラッセなどは、動物や花、星型で型ぬきすると、かわいくなります→p.87（池袋教室　竹迫幸子）

Scene 05

うま味たっぷり、かんたんヘルシー

はるさめヌードルのランチ

エスニックメニューがにが手なゲストには、ナンプラーや香菜は使わない気配りをしましょう。
焼きおにぎりはそのままでも、スープに入れてもと、2度おいしい

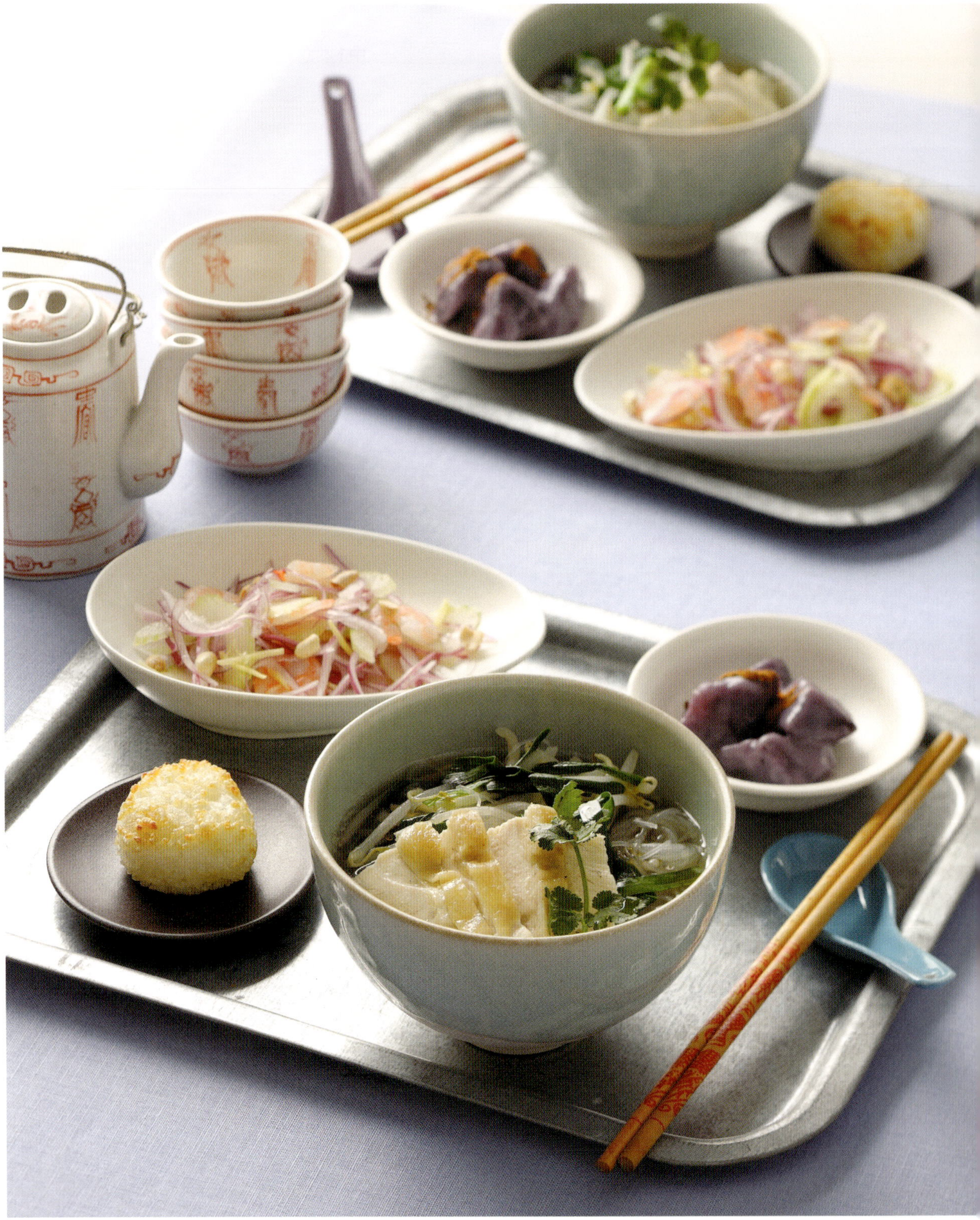

とりのはるさめヌードル

材料（4人分）
はるさめ — 160g
とりむね肉 — 1枚（250g）
A ┌ しょうが（薄切り）— 小1かけ（5g）
　├ 塩 — 小さじ1/8
　├ こしょう — 少々
　└ 酒・水 — 各大さじ1
もやし — 200g
にら — 1/2束（50g）
B ┌ 中華スープの素 — 大さじ2
　├ 塩 — 小さじ1/2
　└ しょうゆ — 小さじ2
香菜（シャンツァイ）・ごま油（好みで）— 各適量

調理時間 15min / 5min

作り方 ●1人分 289kcal

1 とり肉は厚いところに切りこみを入れます。耐熱皿に入れ、Aをまぶします。ラップをふんわりとかけ、電子レンジで約3分加熱します。とり出して肉の上下を返し、さらに約2分加熱します。さめたら、4～5mm厚さに切ります。蒸し汁はとりおきます。
2 にらは3～4cm長さに切ります。はるさめは表示どおりにもどし、長ければ食べやすく切ります。
3 鍋に水1ℓ（材料外）とB、1の蒸し汁を入れ、中火にかけます。
4 沸とうしたら、はるさめともやしを加えます。ひと煮立ちしたら、にらを加えます。
5 器に盛り、とり肉をのせます。好みで香菜やごま油を加えます。

ナンプラー焼きおにぎり

材料（4人分）
温かいごはん — 400g
ナンプラー（または、しょうゆ）— 少々

調理時間 5min / 10min

作り方 ●1人分 168kcal

1 おにぎりを4個作ります。
2 両面にナンプラーを塗ります。アルミホイルにのせ、オーブントースターで7～8分、焼き色がつくまで両面焼きます。

※残ったスープに入れてスープごはんにするのがおすすめ

えびのエスニックサラダ

材料（4人分）
むきえび — 60g
A ┌ 酒 — 小さじ1
　└ 塩 — 少々
紫たまねぎ — 小1個（100g）
セロリ — 中1本（100g）
B ┌ しょうが（せん切り）— 1かけ（10g）
　├ レモン汁 — 大さじ1
　├ 水 — 大さじ1
　├ 砂糖 — 小さじ1/2
　└ ナンプラー（または、しょうゆ）— 小さじ1
ピーナッツ（あらくきざむ）— 20粒

調理時間 10min / 5min

作り方 ●1人分 48kcal

1 えびは背わたを除き、耐熱皿に入れてAをまぶします。ラップをかけ、電子レンジで約1分30秒加熱します。さめたら厚みを半分に切ります。
2 たまねぎは薄切りにし、水にさらして水気をきります。セロリは筋をとり、斜め薄切りにします。
3 ボールにBを合わせます。
4 3に1と2を加えて混ぜます。器に盛り、ピーナッツを散らします。

紫いものココナッツミルク煮

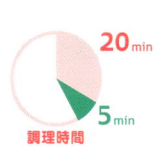 前日作りおき

材料（4人分）
紫いも* — 中1本（250g）
A ┌ 水 — 50ml
　├ 砂糖 — 30g
　└ 塩 — 少々
ココナッツミルク — 100ml
シナモンパウダー（好みで）— 少々

*ふつうのさつまいもでもOK

調理時間 20min / 5min

作り方 ●1人分 149kcal

1 いもは皮をむき、ひと口大に切って水にさらします（水を1回かえます）。
2 鍋にAといもを入れ、ふたをして弱めの中火で7～8分蒸し煮にします。竹串が通るようになったら、ココナッツミルクを加え、弱火で3分煮ます。
3 器に盛り、好みでシナモンをふります。

※冷やして食べてもおいしい

Scene 06 — まずは気軽に

町のおしゃれな定食屋さんの気分で

豚スペアリブのみそ煮ランチ

ほとんどの作業を前日にしておけるので、おもてなし初心者におすすめ。
当日は、ごはんを炊いて、おかずを温めなおすだけなので安心です

豚スペアリブのみそ煮

前日作りおき

調理時間 60min (5min)

材料（4人分）
豚スペアリブ — 600g
ごぼう — 100g
れんこん — 100g
ねぎ（白いところ）— 10cm
A ┃ 水 — 500ml
　┃ 酒 — 100ml
　┃ 酢 — 大さじ1
B ┃ 砂糖 — 大さじ1
　┃ みそ — 大さじ1½
　┃ しょうゆ — 大さじ1
　┃ みりん — 大さじ1

作り方 ●1人分 449kcal

1 鍋にたっぷりの湯をわかして肉を入れ、沸とう後3～4分ゆでます。肉をざるにとり、水でさっと洗います。
2 ごぼうは皮をこそげて5cm長さに切り（太いところはさらに縦半分に）、水にさらして水気をきります。れんこんは1cm厚さの輪切りにします。
3 鍋に肉とAを入れて中火にかけ、沸とうしたらふたをずらしてのせ、弱火で約20分煮ます。
4 ごぼう、れんこんとBを加え、さらに20～30分、煮汁が大さじ2～3くらいになるまで煮つめます。
5 みりん・しょうゆ各小さじ1（材料外）を合わせてまわしかけ、強火で約1分、鍋をゆすりながら加熱して照りよくしあげます。
6 器に盛ります。ねぎはせん切りにし、水にさらして水気をきって飾ります。

コロコロ野菜の具だくさん汁

調理時間 20min (5min)

材料（4人分）
だいこん — 120g
にんじん — 50g
さといも — 2個（150g）
しいたけ — 3個
ねぎ — 10cm
だし — 700ml
A ┃ しょうゆ — 大さじ2
　┃ 酒 — 大さじ2
　┃ 塩 — 少々

作り方 ●1人分 44kcal

1 だいこん、にんじん、さといも、しいたけは約1cm角に切ります。ねぎは小口切りにします。
2 鍋にだしと、ねぎ以外の野菜を入れ、沸とうしたら弱火にして約10分煮ます。
3 Aで調味し、ねぎを加えて火を止めます。

かぶのさっぱり甘酢漬け

前日作りおき

調理時間 15min
（漬ける時間は除く）

材料（4人分）
かぶ — 2～3個（200g）
かぶの葉と茎 — 少々
塩 — 小さじ¼
A ┃ 砂糖 — 大さじ½　酢 — 大さじ2
　┃ 塩 — 小さじ¼
　┃ 赤とうがらし（小口切り）— ½本分

作り方 ●1人分 14kcal

1 かぶは縦半分に切って薄切りにします。葉と茎は5mm長さに切ります。合わせて塩小さじ¼をふって軽くもみ、約10分おいて水気をしぼります。
2 Aを合わせます。
3 1をAに30分以上漬けます。

そのほかに

☞ 雑穀ごはん

Scene 07

ほっとひと息つきたいときに
たいのだし茶漬けランチ

年配のゲストにも喜ばれそうな、ヘルシーで上品なおもてなしランチ。
だしは、茶漬け、卵焼き、あえものの3品に使いまわし、だしがらも活用します

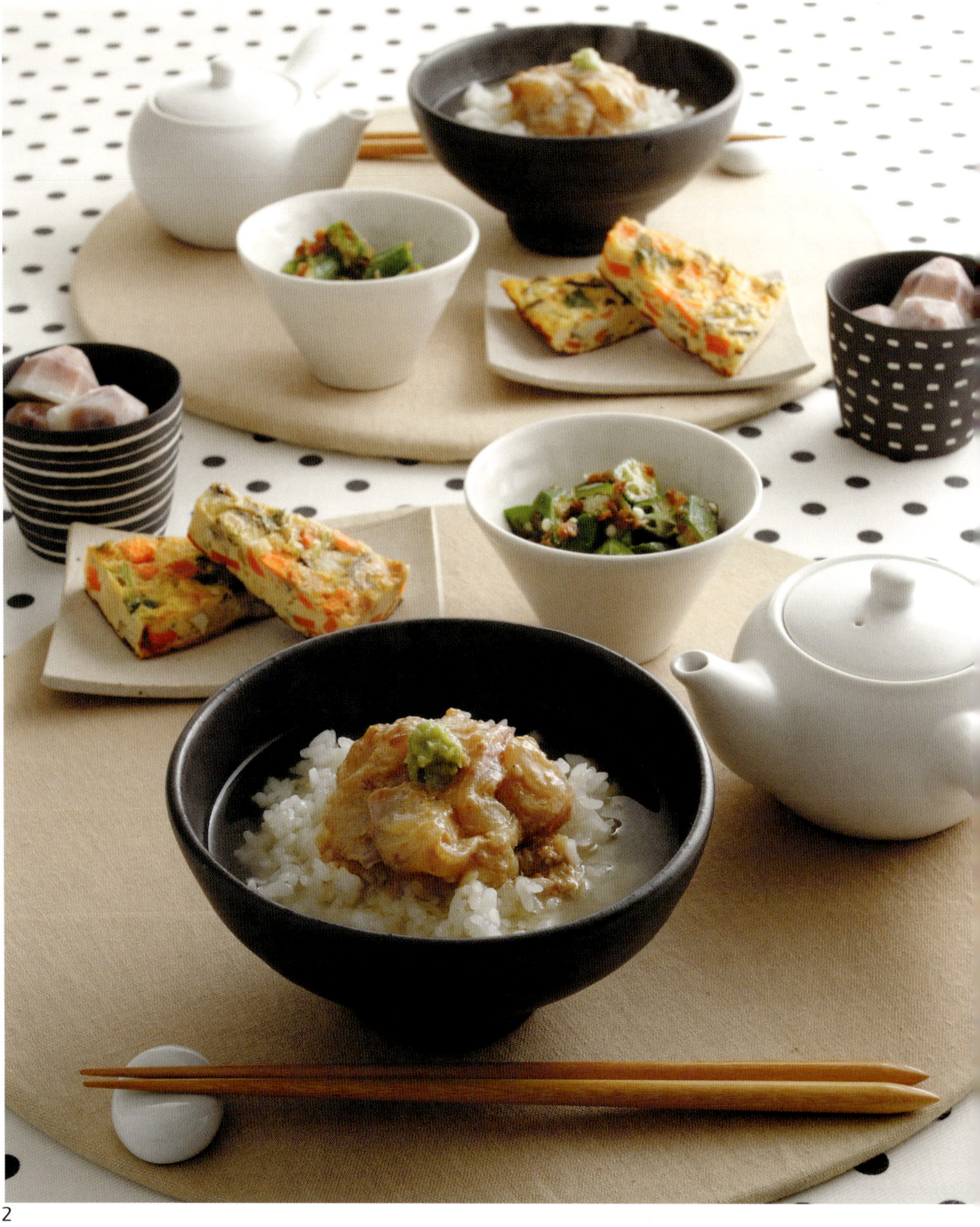

たいのだし茶漬け

材料（4人分）
たい（刺身用） — 200g
A ┌ すりごま（白） — 大さじ3
　│ 練りごま（白） — 大さじ2
　│ しょうゆ — 大さじ2
　└ 酒 — 大さじ1½
わさび — 小さじ½
だし — 600ml
温かいごはん — 600g

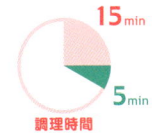

作り方 ●1人分 433kcal
1 たいはそぎ切りにします。Aを合わせて、たいを約10分漬けます。
2 器にごはんを盛ります。たいをのせ、わさびを添えます。まずはそのまま食べて、次に熱いだしをかけて食べます。

カラフル卵焼き

材料（4人分）
卵 — 3個
A ┌ だし — 大さじ2
　└ みりん — 大さじ1　塩 — 小さじ⅙
たまねぎ — 30g
にんじん — 30g
しいたけ — 2個
みつば — 3本
小町麩（こまちふ） — 10g
B ［ だし — 大さじ2　しょうゆ — 小さじ½ ］
サラダ油 — 小さじ1

作り方 ●1人分 92kcal
1 たまねぎはあらみじん切りにします。にんじん、しいたけは5mm角に、みつばは1cm長さに切ります。麩は1cm角くらいにちぎり、Bに漬けます。
2 ボールに卵をときほぐし、Aを入れてよく混ぜます。**1**を加えて混ぜます。
3 卵焼き器に油を温め、**2**を流し入れ、弱火でふたをしてじっくりと焼きます。固まってきたら、大きめの皿に一度とり出し、上下を逆にしてもどし入れます。
4 ふたをして弱火で約3分焼きます（竹串を刺して汁が出てこなければOK）。あら熱がとれたら、食べやすく切り分けます。

オクラのおかかあえ

材料（4人分）
オクラ — 100g
A ┌ だし — 大さじ1
　│ しょうゆ — 大さじ½
　└ だしがら* — 5g

*だしをとったあとのけずりかつお。なければ、けずりかつお小1パックでも

作り方 ●1人分 10kcal
1 オクラは塩少々（材料外）をまぶし、さっとゆでます。4〜5個の斜め切りにします。
2 Aをよく混ぜます。**1**を加えてあえます。

> **だしはまとめてとると、ラク！**
> だし（3品分合わせて）
> 水 — 750ml
> けずりかつお — 10g

ひと口あずき シャーベット

前日作りおき　子ども

材料（12個分）
ゆであずき — 100g
牛乳 — 150ml

（冷やし固める約2時間は除く）

作り方 ●1個 27kcal
1 あずきと牛乳をよく混ぜ合わせます。
2 製氷皿に入れて冷凍庫で冷やし固めます（2時間以上）。

まずはコレッ!
作っておくと便利な前菜

作っておいてサッと出してもよし、料理がたりないかも、というときに
ササッと作ってもよし。あるとうれしい、ついつい手が出る前菜です。

サーモンのチコリカップ

手でつまんでパクパクどうぞ

材料(6個分)
スモークサーモン(切り落とし) — 30g
　レモン汁 — 少々
チコリ — 6枚
ケイパー — 適量

作り方　●1個 9kcal
1 サーモンにレモン汁をかけ、チコリは1枚ずつはがします。
2 チコリにサーモンとケイパーをのせます。

1 火を使わずに作れる、かんたんオードブル

煮こみ料理などを作っている間に、火を使わずに作れるものばかり。
かんたんなのに、見栄えがするのもうれしい。
ゲストが来る前に作って冷蔵庫に入れておきましょう。

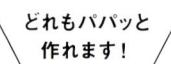
どれもパパッと作れます!

10min 調理時間

トマトとモッツァレラのカプレーゼ

バジルソースは市販のものでも

材料(6個分)
ミディトマト — 2個
モッツァレラチーズ — 1/2個(50g)
バジル — 2枝(10g)
A [オリーブ油 — 大さじ1
　　白ワイン — 大さじ1/2
　　塩・こしょう — 各少々]

作り方　●1個 46kcal
1 トマトは3つの輪切りに、チーズは6つに切ります。
2 バジルは飾り用に少しとりおき、残りはみじん切りにします。Aを混ぜてバジルソースを作ります。
3 器に1を盛ってバジルを飾り、ソースをかけます。

かいわれのハムマヨ巻き

マヨネーズで、かいわれのにが味がまろやかに

材料（6個分）
かいわれだいこん
　— 1/2パック（20g）
ロースハム — 3枚
マヨネーズ — 少々

作り方　●1個 27kcal
1 かいわれだいこんは根元を切り落とし、6つに分けます。ハムは半分に切ります。
2 ハムでかいわれを巻き、マヨネーズをのせます。

かまぼこの梅しそサンド

お酒のおつまみにぴったり

材料（8個分）
かまぼこ — 8cm（100g）
しその葉 — 4枚
梅干し — 中1個（正味15g）
A ┃ けずりかつお — 1/2パック（2g）
　 ┃ みりん — 小さじ1

作り方　●1個 15kcal
1 かまぼこは5mm幅の切りこみを入れ、1cm幅に切ります。これを8個作ります。しその葉は縦半分に切ります。
2 梅干しは種をとって包丁でたたき、Aを混ぜます。
3 かまぼこにしその葉と**2**をはさみます。

イクラのきゅうりボート

切ってのせるだけ、でも見栄えはばっちり

材料（8個分）
イクラ — 大さじ3
きゅうり — 1本

作り方　●1個 12kcal
1 きゅうりは長さを4等分して、それぞれ縦半分に切ります。スプーンで実を少しくりぬきます。
2 イクラを8等分し、それぞれにのせます。

2 野菜がたっぷり食べられるディップ

おいしいディップとカラフルな新鮮野菜を並べておくだけで、
こんなに華やかなテーブルになります。
ディップは前もって作りおきできるのも、うれしい。
パンやクラッカーなどを添えても、もちろんOKです。

> 生野菜は、きゅうり、
> だいこん、にんじん、セロリ、
> パプリカ、ミニトマトなど。

> ゆで野菜は、かぼちゃ、
> ブロッコリー、かぶ、にんじん、
> カリフラワー、じゃがいも、
> さつまいもなどがおすすめです。

アボカドディップ

材料（作りやすい量）
アボカド（よく熟したもの） ― 1個
　レモン汁 ― 大さじ1
トマト ― 50g
たまねぎ ― 1/4個（50g）
塩 ― 少々
タバスコ（好みで） ― 少々

作り方　●全量 293kcal
1 たまねぎはあらみじんに切り、塩少々（材料外）をふって少しおき、ペーパータオルで水気をしぼります。トマトはあらみじん切りにします。
2 アボカドは縦半分に切って種と皮を除き、フォークなどでつぶします。レモン汁を混ぜます。
3 材料全部をよく混ぜます。

※変色しないように、表面にラップを密着させて冷蔵庫で保存します

調理時間 10min

めんたいマヨディップ

材料（作りやすい量）
からしめんたいこ ― 1/2腹（40g）
レモン汁 ― 大さじ1/2
マヨネーズ ― 大さじ2
プレーンヨーグルト ― 大さじ1

作り方　●全量 222kcal
1 めんたいこは中身をしごき出します。
2 材料全部をよく混ぜます。

調理時間 5min

とうふディップ

材料（作りやすい量）
とうふ（絹） ― 1/2丁（150g）
みそ ― 大さじ1
すりごま（白） ― 大さじ1

作り方　●全量 139kcal
1 とうふは2～3にちぎり、電子レンジで約2分加熱して水気をきります。
2 材料全部をよく混ぜます。

調理時間 5min

パーティーの小ワザ

市販のお菓子を素敵に盛りつけます

気軽につまんでもらえるように、ポッキーやプリッツなどの市販のお菓子を用意します。紙コップやグラスに立てて盛りつけると、パーティーらしくなります
（札幌教室　斉藤多真美）

3 あると便利な
チーズのオードブル

お手ごろなチーズの盛り合わせセットを買ってきて、盛りつけをひとくふう。
ドライフルーツやナッツ、クラッカーを添えると、
それだけでおしゃれな1品になります。

IDEA その1
チーズによく合うもの
＊ チーズだけでもよいですが、こんなものもプラスすると、
味に変化がつき、見た目もにぎやかで楽しくなります。

ピクルス
市販のものでも、もちろん自家製でも

オリーブ
黒／緑、種あり／なし／スタッフド（中に詰めもの）など、いろいろな種類があります

カマンベールの
チーズフォンデュ

子ども

チーズによって溶けやすさが変わってくるので、
ようすを見ながら加熱しましょう

材料（作りやすい量）
カマンベールチーズ ― 1個（100g）
黒こしょう ― 少々
〔つける具材〕
ブロッコリー（ゆでる）、
ウィンナーソーセージ（いためる）、
バゲット（焼く）など、好みで適量

調理時間 10min／10min

作り方 ●全量 592kcal
1 チーズをつける具材を用意します。
2 チーズは十字に切り目を入れます。アルミホイルにのせ、オーブントースターで7～8分、チーズがやわらかくなるまで加熱します。黒こしょうをふります。熱いうちに、野菜などをつけながら食べます。

ぱりぱりチーズせんべい

子ども

おつまみやおやつにぴったり。
のりの代わりに、黒こしょうをふっても

材料（6枚分）
ピザ用チーズ ― 25g
焼きのり（3cm角） ― 6枚

調理時間 5min

作り方 ●1枚 16kcal
1 電子レンジの皿にクッキングシートを敷き、のりを離して置きます。チーズを6等分し、のりの上に広げます。
2 電子レンジで2分～2分30秒、チーズがカリッとして、きつね色になるまで加熱します。

※加熱ムラがあるときは、できたものからとり出し、数十秒ずつ追加加熱してしあげます

IDEA その**2**
パンの切り方 ✻

おなじみのバゲット（フランスパン）も、切り方ひとつでこんなに変わります。
料理や器に合わせて、いろいろくふうしてみましょう。

スライス
チーズやディップなどをのせるときに

スティック状
長さを2～3等分して、縦に半割りか4つ割りにします。ガーリックトーストなどに

ひと口サイズ
縦に4つ割りにして、食べやすく切ります。チーズフォンデュや料理のつけ合わせに

29

メニューを考えるときに…

● グラタンなど、**グツグツと音の出るオーブン料理**を出すと、盛りあがります。オーブンに入れる前まで作っておくと、かんたんです（町田教室　石原由布子）

● 自分ひとりが頑張るのではなく、材料を用意して、**ゲストにも参加してもらってその場で作る**と盛りあがります（渋谷教室　大塚智子）

● **ゲストの出身地の郷土料理、名産のくだものやお酒を用意**すると、会話がはずみます（銀座教室　樫原睦美）

● ゲストに**にが手な食べもの**を事前に聞くのはもちろん、**好きなものを聞いて用意**すると喜ばれます（銀座教室　重吉京子）

● **一緒に旅行したときに食べた名物料理などを再現**して出します（吉祥寺教室　寺岡牧子）

● **珍しい食材や料理をおとりよせ**します。会話がはずむし、自分の準備の負担もへります（梅田教室　江端美賀）

● **自分がキッチンにこもりっぱなしになると、かえってゲストに気をつかわせてしまうもの。** 料理は前もって作り、冷蔵庫で冷やしておくもの、常温でよいもの、温めなおすだけで出せるもの、炊飯器でできるものなど、メニューの組み合わせをくふうします（町田教室　逆瀬川直子）

ベターホームの先生がやっている

ゲストに喜ばれる パーティーの小ワザ

ちょっとした気配りを…

● **ゲストからもらった品物**（器、ランチョンマット、箸置きなど）**を使います**（横浜教室　徳岡雅代）

● **ゲストに合わせたBGM**をかけます。大人の方には、懐メロをかけると喜ばれます（千葉教室　緒方則子）

● **洗面所にはミニタオルをたくさん用意**します。つまようじなどを用意しても喜ばれます（名古屋教室　鈴木京子）

● **トイレットペーパーを、香りつきや柄つきのものに**します（横浜教室　齊藤恵子）

● **洗面所やトイレはいつでも使えるように**、場所をお知らせして明るくしておきます（横浜教室　森本文子）

● **玄関にコートかけを置き、におい袋やネームタグをつけたハンガー**を用意します（池袋教室　木村真奈美）

● **ペットのにおいに気をつけます。** アロマをたいたり、花を飾ったりします（吉祥寺教室　丸山晶子）

テーブルセッティングでは…

●エディブルフラワーやミニにんじんなどを箸置きに使うとかわいい（名古屋教室　佐藤友羽子）

●テーブルに飾る花は、女性ゲストの人数分の**小さなアレンジにして、おみやげに渡します**（渋谷教室　宗像陽子）

●カトラリーや食器類を人数分そろえるのが難しいときは、あえて形も色も違うものを並べ、**好みの組み合わせを選んでもらいます**（渋谷教室　要石知子）

●カトラリーやとり皿、グラス、ナプキンなどは、**ゲストが来る前に人数分よりも多めに用意しておく**と、途中で席を立たなくてすみます（池袋教室　中村真由美）

●ベランダで育てているバジルやミントなどのハーブをガラスのコップに入れて飾ります。マリネやスープ、デザートの盛りつけのしあげに、**その場で飾りつける**と喜ばれます（吉祥寺教室　寺岡牧子）

お料理教室ベターホームの先生たちは、自宅に人を招いて、手料理をふるまうことが大好き。そんな先生たちの実体験から、"おうちパーティー"を開くときにおすすめの小ワザを紹介します。

料理の盛りつけでは…

●数人の集まりでは、**前菜やいろいろな料理を1人分ずつワンプレートに盛りつけます**（名古屋教室　杉戸照代）

●ほとんどの料理は**大皿盛りにして、各自でとり皿に好きなものをとってもらいます。**でも最初のひと皿は、1人分ずつ盛りつけて出すと、箸がつけやすくなります（梅田教室　大西千香子）

飲みものの用意は…

●**食前酒コーナー**を作ります。全員がそろうまで楽しんでもらえます（渋谷教室　大竹博子）

●飲みものはクーラーボックスなどに入れて、**ドリンクバー**のように、自由に飲めるようにします。**冷蔵庫のスペースをあけることができ**、ゲストからいただいた手みやげなどを入れることができます（銀座教室　近藤優子）

「わが家にようこそ」という心を伝えるために…

● **招待状**を作って事前に渡します。喜ばれるし、気持ちが伝わります（梅田教室　桂紀子）

● 玄関に**ウェルカムボード**、ダイニングに**メニューカード（お品書き）、ドリンクリスト**を用意して、レストラン風に演出します（池袋教室　山中由佳子）

● **玄関に花**などを飾って華やかにします。**夏は打ち水**をして迎えます（池袋教室　高橋真紀子）

● **手作りのお菓子とそのレシピをおみやげ**に渡します。感謝の気持ちを書いた手紙をつけることも（柏教室　稲見公美子）

家族や親戚の集まりでは…

● **子どもの図工や美術、家庭科の作品**などを飾ります（渋谷教室　塚原裕子）

● **家族旅行の写真のアルバムやDVD**を用意しておきます（町田教室　鯉江祐子）

● **家系図**を用意し、各家族を紹介します。**親の子どものころの写真を用意**し、親子そっくりだと盛りあがることも（神戸教室　石西裕子）

● **年賀状や絵はがきのアルバム**を作り、自由に見られるようにしておきます（渋谷教室　橋本里枝子）

● パーティーの最初に、**記念写真**を撮ります。料理が残っているうちに、酔いがまわらないうちに。また、前に撮った写真を飾っておくと、会話がはずみます（柏教室　橋本知子）

● **家族にとっての思い出の1品**を作ると、話がはずみます。たとえば、祖母のポテトサラダや母の春巻きなど。手書きのレシピのとおりに作ります（銀座教室　豊田規子）

赤ちゃんやお年寄りがいるときに…

● **いすと座布団の両方を用意**して、みんなが自由にくつろげるようにします（福岡教室　村上美絵）

● **置きものや飾り**は、落ちないように、**手の届かない場所**に移します（札幌教室　江向敦子）

● 眠くなったらすぐにお昼寝ができるように、リビングの隣の部屋に、**ラグとタオルケットを用意**しておきます（横浜教室　村松春美）

子どもたちがたくさん集まるときは…

●**カラフルなプラスチック製のコップや皿、カトラリー**を使います。安価で割れる心配がなく、色で区別できて便利です
（名古屋教室　長野奈穂子）

●大きめの紙に、キャラクターなどのかわいい絵をコピーして、**ランチョンマット代わり**に使います。落書きをしてもOK。帰りに残ったお菓子を包むこともできます（池袋教室　森田亜希子）

●自由に遊びまわれるように、テーブルを壁側に寄せ、**部屋のまん中をあけます**（横浜教室　齊藤恵子）

●食べものをこぼしてもだいじょうぶなように、**床にピクニックシート**を敷きます
（渋谷教室　小島麻美子）

●**部屋に風船を飾り**、おみやげとして渡します。小さなお菓子をぶら下げておいても
（横浜教室　木村智江子）

●マスキングテープや何色かの油性ペンを用意して、**紙コップや紙皿を自由に飾りつけ**してもらいます。目印にもなるし、盛りあがります（銀座教室　河合秀子）

●子どもを迎えに来る親のために、サンドイッチなどの料理をとっておきます。また、**兄弟のためにおみやげ**を用意しても喜ばれます（銀座教室　豊田ゆり子）

子どもたちには、こんなパーティーが喜ばれました！

●**たこ焼きパーティー**
たこ以外に、チーズやちくわなどいろいろな具を入れます。梅干しなど、ちょっと変わった具を入れて"ロシアンルーレット風たこ焼き"にしても楽しい
（神戸教室　木村美幸）

●**クレープパーティー**
ホットプレートで生地を焼き、くだものや生クリームなどを用意して、好きなものを巻いて食べます。食べきれない分は家族へのおみやげに（吉祥寺教室　伊藤香）

●**ホットケーキパーティー**
くだものや生クリーム、つぶあん、ハムやチーズ、野菜など、トッピングをいろいろ用意します
（銀座教室　南弥生）

●**串揚げパーティー**
いろいろな具を串に刺しておき、衣とパン粉を用意して、揚げたてを食べてもらいます
（難波教室　鳥羽公子）

●**ぎょうざパーティー**
皮で具を包む作業に大喜びします
（銀座教室　家原昌代）

ちょっと頑張る、おうちパーティー

夕食にだれかを招くときは、
ランチよりも、ちょっとだけ頑張ります。
たとえば、あの人は赤ワインが好きだから、「洋風の肉料理がいいかな」などと、
ゲストの好みに合わせてメニューを考えると、
ぐんと準備が楽しくなります。
調理がかんたんなものや、市販のものをうまく使って、
「ちょっと」だけ頑張れば、おうちパーティーは、実はかんたん。

ふふふ

前もって作っておける料理と

ポンポンポン

パパッと作れるスピード料理に

デザートは、お気に入りの
お店のものを買ってきても

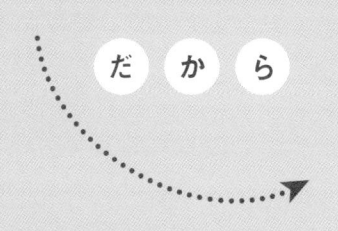

だ か ら

くふうしだいで、
おうちパーティーは、
かんたん！

料理がたりるか不安、
そんなときは…

・パパッと作れる料理の
　材料を用意しておく、作っておく
　▷ p.24〜29

・さめてもおいしい、作りおきできる
　料理を作っておく
　▷ p.70〜81

持ちより
パーティーにも
ぴったり！

\Scene/
01

ちょっと頑張る

ワインがよく合う
おうちレストランパーティー

おいしい肉料理でおもてなし。
そんなときは、前日から作りおきできて、
さめてもおいしいポットロースト（蒸し焼き）が
おすすめです。あとは、おいしいワインがあれば、
わが家がまるでレストランのよう

menu

**豚ヒレ肉の
ポットロースト**

**たこの
カルパッチョ風サラダ**

**焼きズッキーニの
パン粉がけ**

カリカリトースト

37

豚ヒレ肉の ポットロースト

🌙 前日作りおき

やわらかく蒸しあがったお肉は、
濃厚なうま味のバルサミコソースと一緒に、
パンにのせてどうぞ

調理時間 55min（うち5min）

材料（4人分）

- 豚ヒレ肉（かたまり） — 500g
- A ┃ 塩 — 小さじ½
  ┃ 黒こしょう — 小さじ⅙
  ┃ オリーブ油 — 大さじ1
- ローリエ — 1枚
- たまねぎ — 1個（200g）
- マッシュルーム — 1パック（100g）
- ドライプルーン（種ぬき） — 6個（50g）
- オリーブ油 — 小さじ1
- B ┃ 赤ワイン — 50ml
  ┃ 水 — 50ml
- バルサミコ — 50ml
- しょうゆ — 小さじ1
- プリーツレタス — 適量

作り方　●1人分 245kcal

1 肉は長さを半分に切り、Aをよくもみこみます。ローリエを半分にちぎり、肉の上下にはりつけ、約15分おきます。

2 たまねぎ、マッシュルームは薄切りにします。プルーンは1個を8つに切ります。

3 フライパンにオリーブ油小さじ1を温め、肉を入れます。強めの中火で、肉のまわりに焼き色をつけてとり出します（完全に火を通さなくてOK）。

4 続けてたまねぎを入れ、強めの中火でいためます。色づいてきたら弱火にし、半量になるくらいまでじっくりといためます。マッシュルームとプルーンを加え、約1分いためます。

5 肉をもどし入れ、Bを加えます。ふたをして、弱火で約10分蒸し焼きにします（途中で肉の上下を返します）。バルサミコを加え、さらに約10分蒸し焼きにします。そのままさまします。

6 あら熱がとれたら肉をとり出します。フライパンに残った野菜にしょうゆを加えて煮つめ、ソースを作ります。

7 肉は食べやすく切り、レタスと盛り合わせます。ソースを添えます。

当日、調理するときの段どり

	Start!		40min		70min Finish!!
ポットロースト	1-2-3-4	5 10分蒸し焼き	5 10分蒸し焼き	6	しあげ・盛りつけ
たこのサラダ		1-2			
焼きズッキーニ			1-2-3-4		
トースト				焼く	

たこの カルパッチョ風サラダ

味つけは塩とレモン、オリーブ油のみ。
素材のうま味を生かします

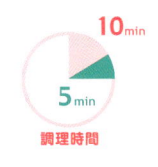

材料（4人分）
ゆでだこ — 150g
ミニトマト — 4個
ベビーリーフ — 小1袋（45g）
レモン — 1/2個
オリーブ油 — 大さじ1
岩塩* — 少々
*なければ、ふつうの塩でも

調理時間 10min / 5min

作り方　●1人分 80kcal
1 ベビーリーフは洗って水気をよくきります。ミニトマトは8つに、レモンは4つに切ります。たこは薄切りにします。
2 器にベビーリーフを敷き、たこを並べます。トマトをのせます。
3 食べる直前に、オリーブ油と塩をふり、レモンをしぼります。

焼きズッキーニの パン粉がけ

ジューシーなズッキーニのソテーに、
カリカリにいためた香ばしいパン粉をかけます。
サクサク感を生かすため、パン粉は食べる直前に

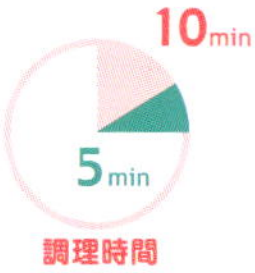

材料（4人分）
ズッキーニ — 1本（150g）
A［乾燥ハーブミックス* — 小さじ2/3
　　塩 — 小さじ1/3］
B［パン粉 — 大さじ5（15g）
　　オリーブ油 — 大さじ1/2］
オリーブ油 — 大さじ1/2
*バジル、オレガノなど

調理時間 10min / 5min

作り方　●1人分 50kcal
1 ズッキーニは長さを半分に切り、縦に4つ割りにします。Aを合わせ、ズッキーニにまぶします。
2 Bはよく混ぜます。
3 フライパンにオリーブ油大さじ1/2を温め、ズッキーニを中火で焼きます。とり出して器に盛ります。
4 フライパンにBを入れ、弱めの中火で混ぜながら、色づくまでいためます。
5 3に4をかけます。

パーティーの小ワザ
ガラスのボールや土鍋をドリンククーラー代わりに

大きめのガラスのボールや土鍋に、冷やしたドリンクと氷を入れて、ドリンククーラー代わりに。花や葉などを添えても素敵です。ガラス器を使うと、涼しげに。土鍋を使うと、保温性に優れているので、冷たさをキープしてくれます
（銀座教室　松永幸枝）

カリカリトースト

サンドイッチ用食パンを食べやすく切り、
トースターで焼きます

Scene 02

ちょっと頑張る

子どもから大人までみんな大好き

おうち居酒屋パーティー

キーンと冷えたビールによく合う
おかずを並べて、居酒屋風におもてなし。
子どもが騒いでも気にしない、
アットホームな雰囲気のパーティーになりそう

menu

**手羽先焼き2種・
にんにくじょうゆ＆ペッパー**

**スティック春巻き2種・
しそチーズ＆豚にら**

五目炊きこみごはん

れんこんの梅サラダ

冷やしトマト

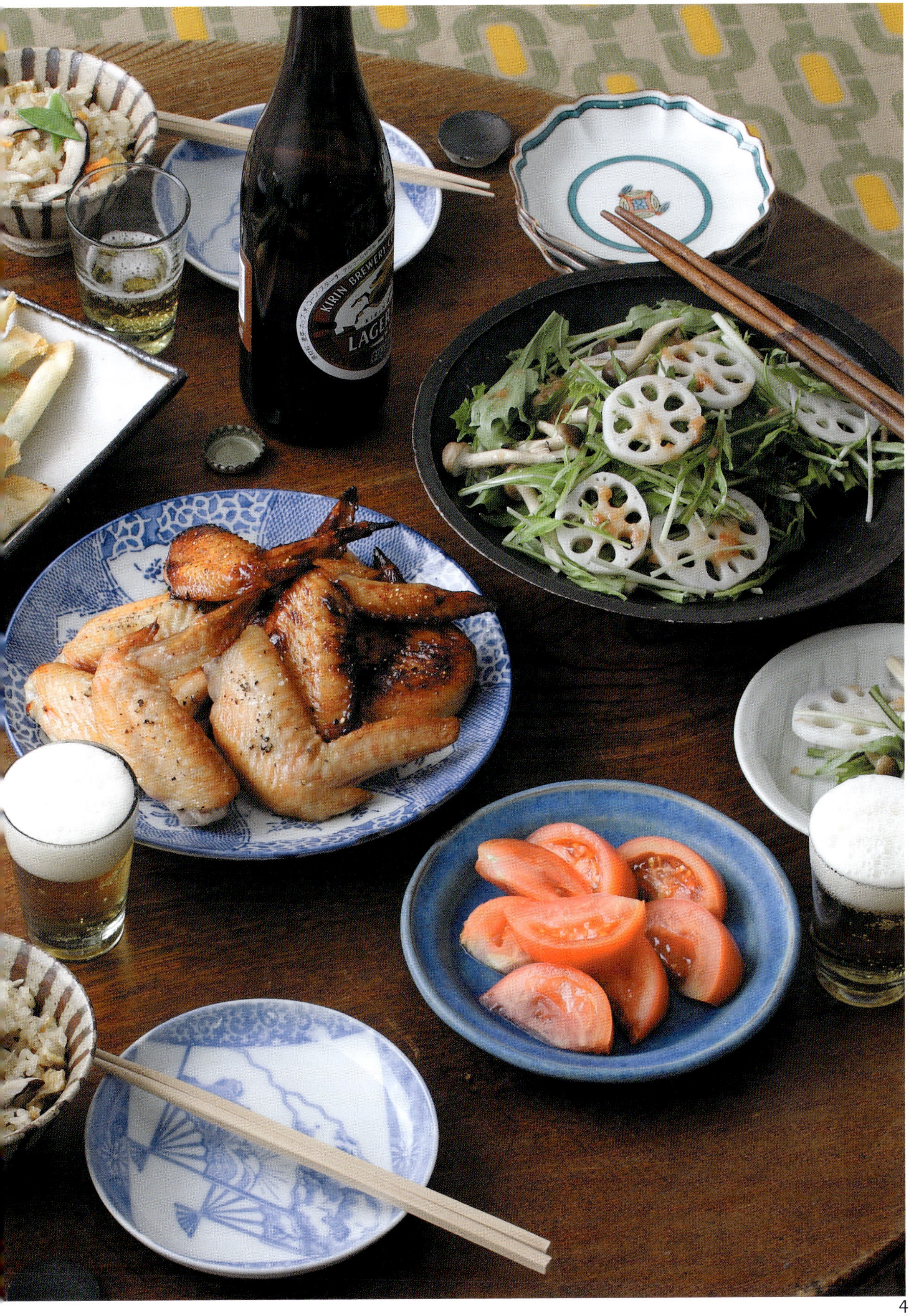
KIRIN BREWERY
LAGER

手羽先焼き2種・にんにくじょうゆ＆ペッパー

グリルでも焼けますが、量が多いときは、オーブンでまとめて焼くほうがらく。
下味をつけておき、ころあいを見て焼き始めましょう

材料（4人分）
手羽先 — 12本（600g）
● にんにくじょうゆ味 ●
A［
しょうゆ — 大さじ2
酒 — 大さじ2
みりん — 大さじ1
にんにく（すりおろす）— 小1片
しょうが（すりおろす）— 小1かけ（5g）
］
七味とうがらし — 少々
● ペッパー味 ●
B［
酒 — 大さじ1
塩 — 小さじ1/4
］
塩・黒こしょう — 各少々

調理時間 20min / 35min

作り方　●1人分 184kcal

1 手羽先は、裏側に切りこみを入れます（写真参照）。
2 ポリ袋にAとBをそれぞれ合わせ、手羽先を6本ずつ入れてよくもみこみ、30分以上おきます。
※冷蔵庫で保存して、ひと晩おいてもOK。
3 オーブンを250℃に予熱します。オーブン皿にクッキングシートを敷き、手羽先を汁気をきって並べます。ペッパー味の手羽先に、塩・黒こしょう各少々をふります。約15分、焼き色がつくまで焼きます。
※にんにくじょうゆ味のほうが早く焼き色がつき始めるので、先にとり出します
4 器に盛り、にんにくじょうゆ味に七味とうがらしをふります。

裏返し、骨と骨の間に切りこみを入れ、関節を切り離します。食べるときに骨がスッとはずれて食べやすくなります

スティック春巻き2種・しそチーズ＆豚にら

フライパンと少しの油で作れて、さめてもおいしい、おつまみ感覚の春巻きです

材料（10本分）
春巻きの皮 — 10枚
揚げ油 — 適量
● しそチーズ ●
しその葉 — 10枚
スライスチーズ — 2枚
● 豚にら ●
豚ひき肉 — 100g
A［
しょうゆ — 大さじ1
ラー油 — 小さじ1/2
］
にら — 20g
〔のり〕
B［
小麦粉 — 大さじ1 1/2
水 — 大さじ1 1/2
］

調理時間 30min

作り方　●しそチーズ1本 93kcal　豚にら1本 138kcal

1 Bは合わせ、のりを作ります。
2 チーズは縦長に5つに切ります。春巻きの皮の手前にしそ2枚を並べ、チーズ2切れをのせます（写真参照）。3辺の端にのりをつけ、手前からくるくると巻き、端をしっかりと押さえます。5本作ります。
3 にらは5〜6cm長さに切ります。豚ひき肉にAを加えてよく混ぜます。どちらも5等分します。春巻きの皮の手前にひき肉を細長く広げ、にらをのせます。2と同様に巻きます。5本作ります。
4 フライパンに揚げ油を深さ1cmほど入れ、高温（170〜180℃）に温め、2と3をそれぞれ色よく揚げます。

のり

五目炊きこみごはん 🙂子ども

材料を切って、あとは炊飯器におまかせ。
タイマー機能を使って炊きたてを出しても

材料（4人分）
米 — 米用カップ2（300g）
水 — 400ml
こんぶ — 5cm
油揚げ — 1枚
ごぼう — 70g
にんじん — 50g
しいたけ — 3個
さやえんどう — 6枚
A ┃ 酒 — 大さじ1
　┃ しょうゆ — 大さじ1
　┃ 塩 — 小さじ1/3

調理時間 5min / 35min
（炊飯時間の約40分は除く）

作り方 ●1人分 312kcal

1 米はといで水気をきります。炊飯器の内釜に入れ、分量の水とこんぶを入れ、30分以上おきます。
2 ごぼうは皮をこそげてささがきにし、水にさらして水気をきります。にんじんも同じくらいの大きさに切ります。しいたけは薄切りにします。油揚げは熱湯をかけて油ぬきをし、縦半分に切って細切りにします。
3 さやえんどうはラップに包み、電子レンジで約30秒加熱し、斜め半分に切ります（飾り用）。
4 1にAを加えてざっと混ぜます。2をのせ、ふつうに炊きます。
5 こんぶをとり出し、全体をさっくりと混ぜます。茶碗によそい、さやえんどうを飾ります。

れんこんの梅サラダ

シャキシャキのれんこんに、
さっぱり風味の梅ドレッシングがよく合います。
箸休めにもぴったりの1品

材料（4人分）
れんこん — 150g
しめじ — 1パック（100g）
みず菜 — 小1束（100g）
〔梅ドレッシング〕
梅干し — 中1個（正味15g）
塩・こしょう・砂糖 — 各少々
しょうゆ — 小さじ1/2
酢 — 大さじ2
サラダ油 — 大さじ2

調理時間 15min / 5min

作り方 ●1人分 96kcal

1 れんこんは皮をむき、2～3mm厚さの輪切りか半月切りにします。酢水（水600mlに酢大さじ1）にさらします。同じ割合の酢水を鍋にわかしてれんこんを入れ、1～2分かためにゆでます。
2 しめじは根元を落とし、1本ずつに分けます。フライパンに入れて塩少々（材料外）をふり、少ししんなりするまでいためます。
3 みず菜は4～5cm長さに切ります。
4 梅干しの果肉を包丁でたたき、ドレッシングの材料を合わせます。1、2、3を器に盛り合わせます。
5 食べる直前にドレッシングをかけます。

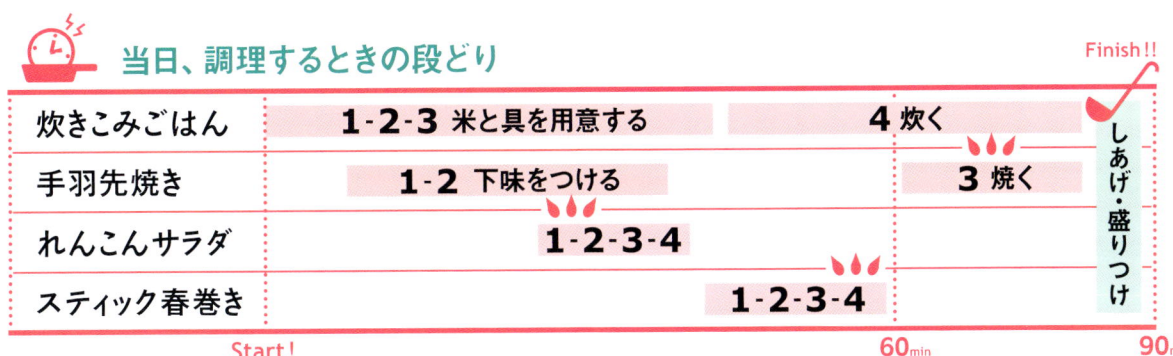

当日、調理するときの段どり

炊きこみごはん	1-2-3 米と具を用意する		4 炊く
手羽先焼き	1-2 下味をつける		3 焼く
れんこんサラダ	1-2-3-4		
スティック春巻き		1-2-3-4	

Start! — 60min — 90min Finish!!
しあげ・盛りつけ

Scene 03

ちょっと頑張る

暑い夏の日にぴったり
アジアの屋台風パーティー

メインの肉料理は前日に作っておいてもOK。
当日作るときは、コトコト煮こんでいる間に、
ほかのおかずを作ります

menu

ルーローハン
（魯肉飯）

エスニックスープ

ピータンどうふ

サーモンの生春巻き

マンゴープリン

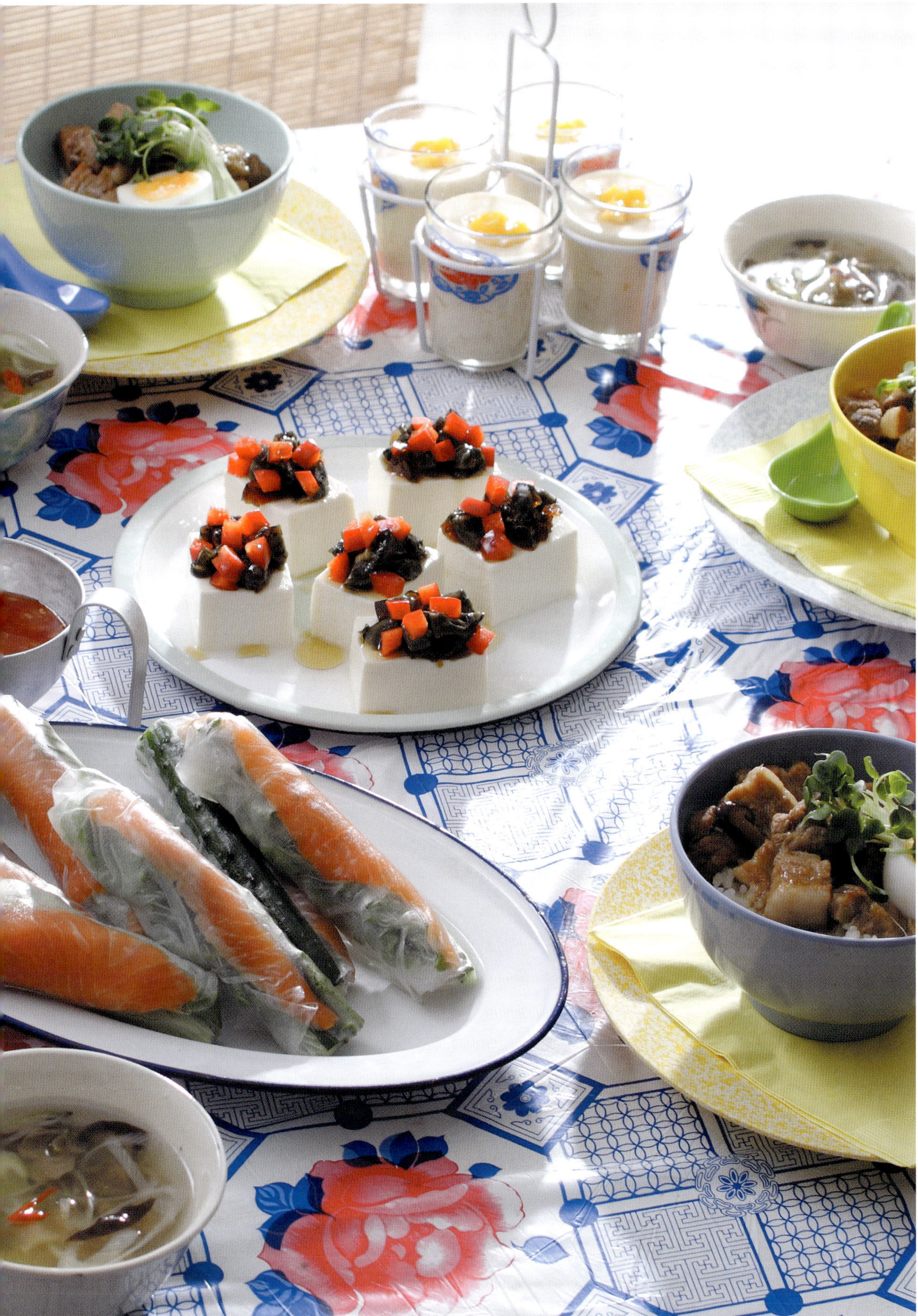

ルーローハン（魯肉飯）

前日作りおき　子ども

台湾屋台の人気メニュー。
ふつうはひき肉で作りますが、
かたまり肉に代えてボリュームを出します

材料（4〜6人分）

豚ばら肉（かたまり） — 600g
ねぎ — 1本
しいたけ — 6個
A［
　酒 — 100ml
　きび砂糖* — 大さじ1½
　はちみつ — 大さじ1
　しょうゆ — 大さじ3½
　塩 — 小さじ½
　しょうが（すりおろす） — 2かけ（20g）
　五香粉** — 少々
］
かいわれだいこん — 1パック（40g）
半熟ゆで卵 — 2〜3個
温かいごはん — 800g

*なければ、ふつうの砂糖でも
**八角、山椒などがブレンドされた中華の香辛料。
なければ、こしょうをきかせます

調理時間 10min / 55min

作り方　●1人分 668kcal（6人分として）

1 ねぎは厚めの小口切りにします。しいたけは薄切りにします。肉は2cm幅、1cm厚さに切ります。
2 厚手の鍋に湯をわかし、肉を入れます。再沸とうしたら、肉をざるにとります。湯は捨てます。
3 鍋に肉をもどし、中火でいためます。脂が出てきたら、ねぎ、しいたけを順に加えていためます。全体がなじんだら、かぶるくらいの水（材料外・約500ml）を加えます。沸とうしたら、アクをとります。
4 Aを加え、ふたをずらしてのせ、弱火で40〜50分煮ます（途中で数回混ぜます）。
5 ふたをとり、汁気が多ければ、少し煮つめます。
6 かいわれは根元を落とします。ゆで卵は半分に切ります。
7 器にごはんを盛り、肉を汁ごとのせます。かいわれ、ゆで卵を添えます。

エスニックスープ

ほのかな酸味のさっぱりスープです

材料（4〜6人分）

ねぎ — ½本
味つきザーサイ — 20g
きくらげ — 4個
A［
　水 — 600ml　中華スープの素 — 大さじ1
　赤とうがらし — 1本　酢 — 大さじ1　塩 — 少々
］

調理時間 10min

作り方　●1人分 8kcal（6人分として）

1 きくらげは水でもどし、石づきを除いて細切りにします。ねぎは斜め薄切りに、ザーサイは大きいものは食べやすく切ります。赤とうがらしは種を除き、斜め細切りにします。
2 鍋にAときくらげを入れて強火にかけます。沸とうしたら、ねぎとザーサイを加え、ひと煮立ちしたら火を止めます。

ピータンどうふ

材料を切るところまで準備しておいて、
盛りつけは食べる直前にします

材料（6個分）

とうふ（絹） — 1丁（300g）
ピータン — 1個
パプリカ（赤） — ¼個（約40g）
塩 — 少々　ごま油 — 適量

調理時間 10min / 5min

作り方　●1個 62kcal

1 とうふは6つに切り、まん中を少しくりぬきます（写真参照）。
2 パプリカは7〜8mm角に切ります。ピータンは殻をむいてあらめに切ります。
3 器にとうふを並べます。2をのせ、塩とごま油をかけます。

サーモンの生春巻き

サラダ代わりになる、
野菜たっぷりの生春巻きです

材料（6本分）
生春巻きの皮 — 6枚
スモークサーモン — 80g
きゅうり — 1本
プリーツレタス — 3枚
スイートチリソース — 適量

15min
調理時間

作り方 ●1本 75kcal

1 きゅうりは縦6つ割りにします。レタスは半分にちぎります。スモークサーモンは6つに分けます。
2 生春巻きの皮を水に20〜30秒くぐらせ、ぬらしたペーパータオルの上に広げます。手前からレタス、きゅうり、スモークサーモンの順に並べ、巻きます。6本作ります。
3 スイートチリソースをつけて食べます。

食べるまで時間があくときは、乾燥しないように、ぬらしたペーパータオルをかぶせておきます。皮がくっつくので、春巻きは重ねないように。

マンゴープリン　★前日作りおき　子ども

生クリーム入りで、まろやかな口あたりです

材料（4〜6人分）
冷凍マンゴー — 150g
A ┌ ゼラチン — 小さじ2（6g）
　│ 水 — 大さじ4
　│ 牛乳 — 150ml
　└ 砂糖 — 大さじ3
生クリーム — 100ml
ラム酒 — 大さじ1

20min / 5min
調理時間
（冷やし固める約2時間は除く）

作り方 ●1人分 130kcal（6人分として）

1 ゼラチンは分量の水にふり入れ、15分以上おきます。
2 マンゴーは解凍します。飾り用に少しとりおき、角切りにします。残りはフォークなどであらくつぶします。
3 鍋にAを入れて中火で温め、沸とう直前に火を止めます。**1**を加えてよく溶かします。あら熱をとり、マンゴー、生クリーム、ラム酒を加えて混ぜます。器に入れ、冷蔵庫で冷やし固めます（約2時間以上）。
4 飾り用のマンゴーをのせます。

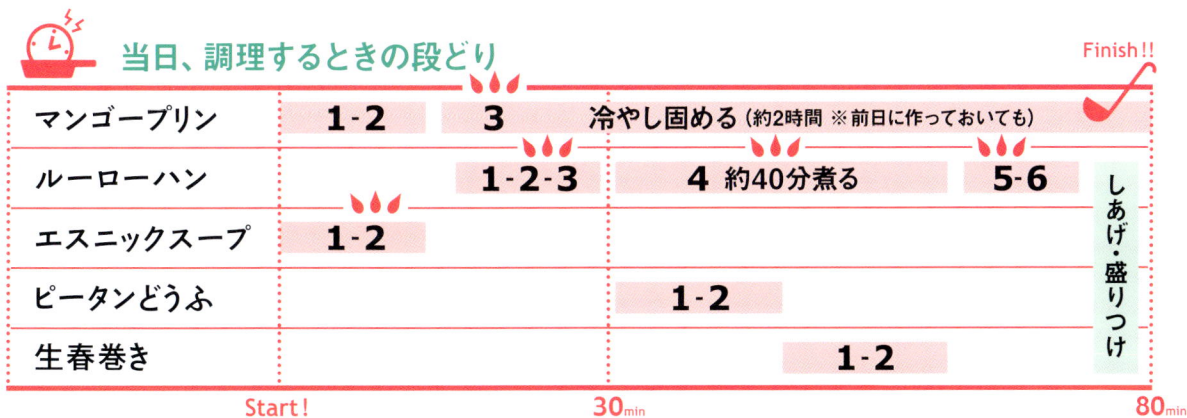

当日、調理するときの段どり

					Finish!!
マンゴープリン	1-2	3	冷やし固める（約2時間 ※前日に作っておいても）		
ルーローハン		1-2-3	4 約40分煮る	5-6	しあげ・盛りつけ
エスニックスープ	1-2				
ピータンどうふ			1-2		
生春巻き				1-2	
Start!			30min		80min

47

Scene 04

ちょっと頑張る

ほっこり和食がうれしい
京のおばんざいパーティー

ふだんのおかずをちょっとアレンジするだけ。
作り慣れているものなので、
失敗する心配がありません。
わが家にいるように
くつろいでほしいときにどうぞ

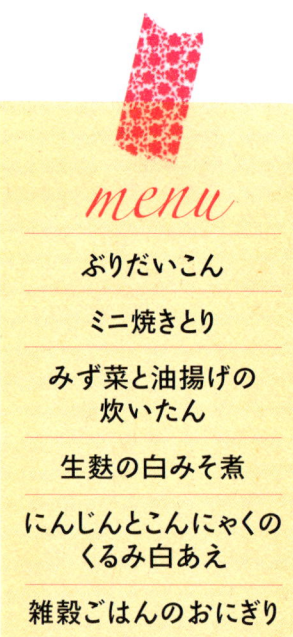

menu
- ぶりだいこん
- ミニ焼きとり
- みず菜と油揚げの炊いたん
- 生麩の白みそ煮
- にんじんとこんにゃくのくるみ白あえ
- 雑穀ごはんのおにぎり
- 漬けもの

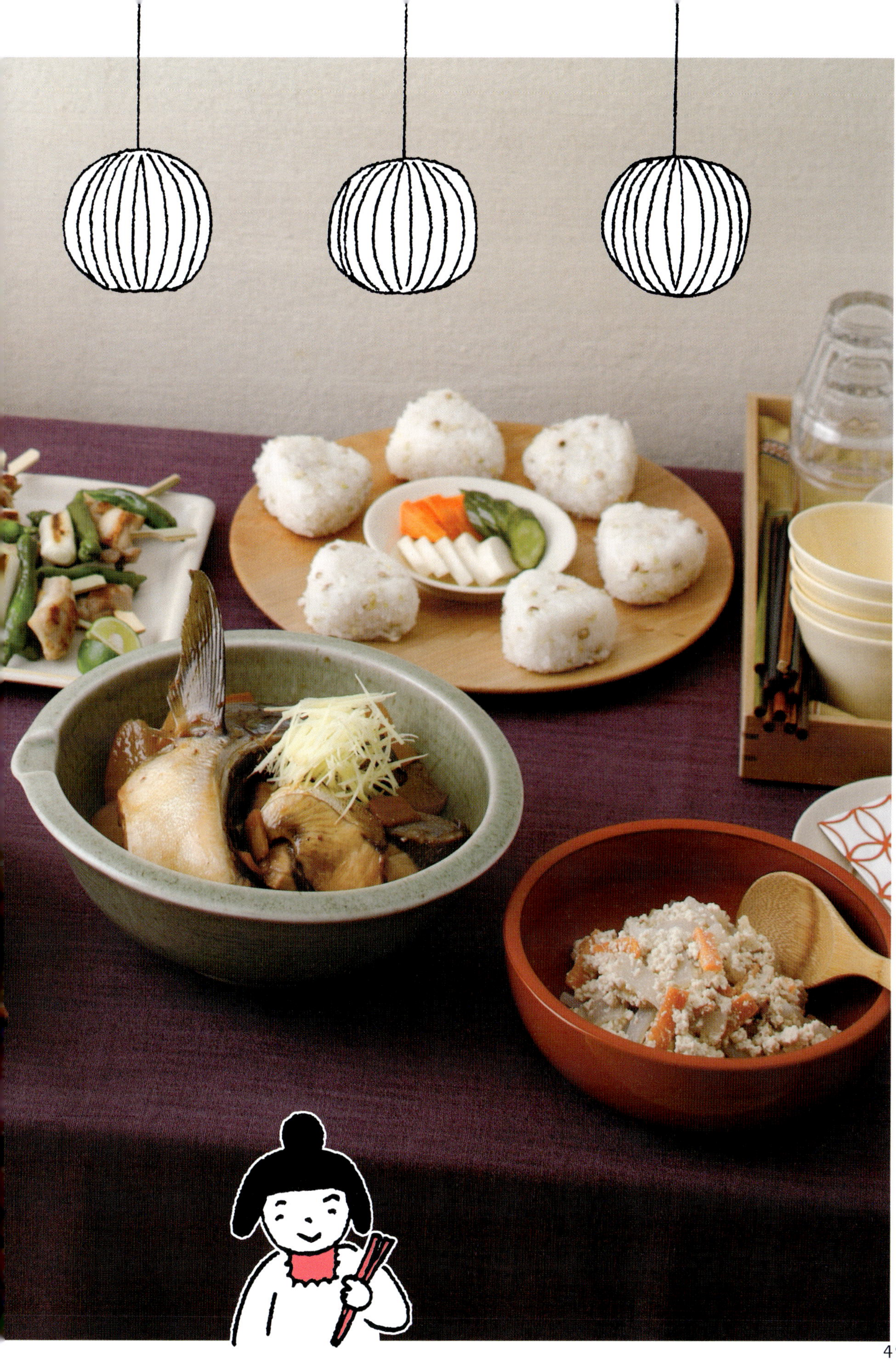

ぶりだいこん 前日作りおき

かまを加えると、味に深みが出て、
見た目も豪華に。前日に作りおくときは、
煮汁を多めに残し、当日に温めなおします

材料（4人分）
ぶり（切り身・かま） — 600g
　塩 — 小さじ1
だいこん — 500g
しょうが — 2かけ（20g）
A ┌ 酒 — 150ml
　│ 水 — 150ml
　│ 砂糖 — 大さじ1
　└ みりん — 大さじ1
しょうゆ — 大さじ2

調理時間 5min / 55min

作り方　●1人分 374kcal

1 ぶりの身は半分に切ります。かまと一緒に塩をふって約10分おきます。熱湯にさっと通し、水でさっと洗います。

2 だいこんは皮をむき、4〜5cmの乱切りにします。しょうがは皮をこそげ、半量は薄切りに、残り半量は飾り用にせん切りにします。

3 鍋にぶり、だいこん、しょうが（薄切り）、Aを入れて強火にかけ、沸とうしたらアクをとります。ふたをずらしてのせ、弱火で約10分煮ます。しょうゆを加え、煮汁が少なくなるまで、さらに約30分煮ます（途中で2〜3回汁を全体にかけます）。

4 火を強めて煮汁をとばします。器に盛り、しょうが（せん切り）を飾ります。

ミニ焼きとり 子ども

ミニサイズにすると、こんなにかわいい！
焼いてから串に刺すので、
作るのも食べるのもかんたんです

材料（4人分）
とりもも肉 — 1枚（200g）
A ┌ 塩 — 小さじ1/4
　└ 酒 — 大さじ1/2
ししとうがらし — 1パック（100g）
ねぎ — 1本
サラダ油 — 小さじ1
すだち — 1/2個

調理時間 10min / 10min

作り方　●1人分 121kcal

1 とり肉は3〜4cm角に切ります。Aをふり、10分以上おきます。

2 ししとうは軸を2mmほど残して切り落とします。ねぎは3cm長さに切ります。

3 フライパンに油を温め、**1**と**2**を焼きます。とり出して、串に刺します。すだちをしぼって食べます。

当日、調理するときの段どり

	Start!		45min		90min Finish!!
ぶりだいこん	1-2-3	約40分煮る			しあげ・盛りつけ
みず菜の炊いたん	1-2 煮る				
白あえ		1-2-3-4-5			
生麩の白みそ煮			1-2 煮る		
ミニ焼きとり				1-2-3 焼く	

みず菜と油揚げの炊いたん

★前日作りおき

油揚げをさっと焼くと、香ばしく風味がよくなります

材料（4人分）
みず菜 — 1束（150g）　油揚げ — 1枚
乾燥ゆば — 10g
A ┌ だし — 200ml　塩 — 小さじ1/8
　└ うすくちしょうゆ* — 小さじ1　みりん — 大さじ1

*なければ、ふつうのしょうゆでも

15min 調理時間

作り方　●1人分 51kcal

1 油揚げはフライパンかオーブントースターで焼き色がつくまで焼き、細切りにします。ゆばはぬるま湯でもどし、3cm長さに切ります。みず菜は4〜5cm長さに切ります。

2 鍋にAを入れ、中火にかけます。沸とうしたら油揚げとゆばを加え、ふたをして約2分煮ます。みず菜を加え、ひと煮立ちしたら火を止めます。煮汁の中でさまして、味を含ませます。

生麩の白みそ煮

温かくしても、冷やして食べてもおいしい、上品な1品です

材料（4人分）
生麩（よもぎ麩）— 小1本（100g）
だし — 150ml　西京みそ* — 50g
練りがらし — 少々　　　*なければ、白みそでも

10min / 5min 調理時間

作り方　●1人分 70kcal

1 生麩は6〜8に切ります。

2 鍋にだしを入れて温め、**1**を入れて弱火で約2分煮ます。みそをとき入れ、再沸とう後に約1分煮て火を止めます。そのままさまして、味を含ませます。

3 汁ごと器に盛り、からしを添えます。

にんじんとこんにゃくのくるみ白あえ

かくし味の練りごまで味に深みが出ます。
くるみの食感もおいしい

材料（4人分）
にんじん（3cm長さ）— 50g
こんにゃく（白）— 小1枚（100g）
A ┌ だし — 50ml
　│ みりん — 小さじ1
　└ うすくちしょうゆ* — 小さじ1
とうふ（もめん）— 小1丁（150g）
くるみ（ローストずみ）— 20g
B ┌ 砂糖 — 大さじ1
　│ 練りごま（白）— 大さじ1
　└ 塩 — 小さじ1/8

*なければ、ふつうのしょうゆでも

20min 調理時間

作り方　●1人分 102kcal

1 くるみはポリ袋に入れ、めん棒などでたたいて細かくします。

2 にんじんとこんにゃくは5mm幅・3cm長さのたんざく切りにします。

3 鍋にAと**2**を入れ、ふたをして中火で約4分、煮汁がなくなるまで煮ます。

4 とうふはあらくくずし、熱湯でさっとゆで、ざるにとって5分ほど水気をきります。つぶしてBを混ぜます。

5 材料全部をよくあえます。

\ Scene /
ちょっと頑張る
05 オーブン料理は、実はかんたん！
みんなが喜ぶイタリアンパーティー

オーブン料理は、ゲストが来る前に材料をセットしておけば、あとはオーブンまかせで焼くだけなので、実はとってもかんたん。でも、豪華な1品になります

ルッコラの生ハム巻き

材料（4人分）
ルッコラ ― 1袋（30g）
生ハム（薄切り）― 12枚（80g）
レモン ― 1/8個

調理時間 5min

作り方 ●1人分 51kcal
1 ルッコラは3～4本ずつ、12等分して、生ハムで巻きます。
2 レモンをしぼって食べます。

なすのガーリックマリネ

前日作りおき

材料（4人分）
なす ― 3個
にんにく ― 1片
黒オリーブ（スライス）― 10g
オリーブ油 ― 大さじ2
A ┌ 白ワインビネガー ― 大さじ1
　├ 白ワイン ― 大さじ1
　└ 塩・こしょう ― 各少々

調理時間 10min
（漬ける時間は除く）

作り方 ●1人分 79kcal
1 なすは縦に5～6mm厚さに切ります。にんにくは薄切りにします。
2 平らな器にAを合わせます。
3 フライパンにオリーブ油大さじ1を温めてなすを並べて入れ、塩少々（材料外）をふります。にんにくをのせ、中火で約2分焼きます。薄く焼き色がついたら裏返してオリーブ油大さじ1をまわしかけ、焼き色がつくまで焼きます。
4 2に3のなすとにんにく、オリーブを漬けこみます（30分後から食べられる）。

※フライパンになすが入りきらないときは、2回に分けて焼きます

魚介と野菜のオーブン焼き

子ども

材料（4人分）
えび（無頭・殻つき）― 8尾（150g）
ほたて貝柱 ― 3～4個（100g）
じゃがいも ― 2個（300g）
A ┌ 牛乳 ― 大さじ2　バター ― 10g
　└ 塩・こしょう ― 各少々
ブロッコリー ― 100g
トマト ― 1個（150g）
バター ― 10g
マヨネーズ ― 大さじ1 1/2
ピザ用チーズ ― 50g

調理時間 30min / 10min

作り方 ●1人分 237kcal
1 じゃがいもは半分に切って皿にのせ、ぬらしたペーパータオルをかぶせて、電子レンジで約5分加熱します。上下を返して、さらに約4分、いもがやわらかくなるまで加熱します。皮をむき、ざっとつぶしてAを混ぜます。耐熱容器に平らに入れます。
2 ブロッコリーは小房に分けて器に入れ、水少々（材料外）をふって電子レンジで約2分加熱します。
3 トマトは6つのくし形切りにします。
4 ほたては厚みを半分に切り、えびは尾のひと節を残して殻をむきます。フライパンにバターを温めて両面を焼き、塩・こしょう各少々（材料外）をふります。
5 1の耐熱容器に2、3、4を並べ、野菜の上にマヨネーズをぬり、チーズを全体にのせます。こしょうを多めにふります。
6 220℃のオーブンで8～10分、焼き色がつくまで焼きます。

コーヒーゼリー

前日作りおき

材料（4人分）
ゼラチン ― 大さじ1 1/2（12g）
温かいコーヒー ― 540ml
ガムシロップ、コーヒー用クリーム ― 各適量

調理時間 20min / 5min
（冷やし固める約2時間は除く）

作り方 ●1人分 46kcal
1 ゼラチンは水大さじ5（材料外）にふり入れ、15分以上おきます。
2 温かいコーヒー（60℃くらい）に1を加えて溶かします。容器に流し入れ、あら熱がとれたら冷蔵庫に入れて冷やし固めます（約2時間以上）。
3 器に盛り、好みでガムシロップやクリームをかけて食べます。

\Scene/ 心も体もほんわか
06 **グツグツおでんパーティー**
ちょっと頑張る

子どもから大人まで、みんなが大好きなおでん。前日から作りおくと、よりいっそう味がしみておいしくなります。味に変化をつける、つけだれ2種を用意して、パーティーらしく演出します

具だくさんおでん

前日作りおき 子ども

材料（4人分）
油揚げ — 2枚　とりひき肉 — 100g
A ┌ しょうが（みじん切り）— 小1かけ（5g）
　│ ねぎ（みじん切り）— 10cm
　└ 酒 — 大さじ1/2　塩 — 少々
スパゲティ — 1〜2本　ゆで卵 — 4個
ちくわ、さつま揚げなどの練り製品 — 好みで。各適量
だいこん — 500g　玉こんにゃく — 適量
B ┌ 水 — 1.5ℓ　こんぶ — 15cm ┐
C ┌ 酒・みりん・しょうゆ — 各大さじ2
　└ 塩 — 小さじ1
練りがらし — 適量

●甘みそだれ●
みそ — 40g　砂糖・みりん・酒 — 各大さじ1

●しょうがじょうゆ●
しょうが（すりおろす）— 2かけ（20g）
しょうゆ — 大さじ2　酒 — 大さじ1

作り方　●1人分 391kcal

1 土鍋にBを入れ、10分おきます。こんぶがやわらかくなったらとり出し、縦4等分に切って結び、鍋にもどします。
2 大きめの鍋に湯をわかし、油揚げなどの揚げものは2〜3分ゆでて油ぬきをします。ざるにとって水気をきります。
3 だいこんは2cm厚さの輪切りか半月切りにします。大きめの鍋に入れ、かぶるくらいの米のとぎ汁*（もしくは、水に米大さじ1を入れます）を加えて火にかけ、沸とうしてから約15分ゆでます。さっと洗います。
4 2の練り製品は大きければ食べやすく切ります。油揚げは半分に切り、袋状に開きます。ひき肉にAを混ぜて4等分し、油揚げに詰めます。スパゲティを折って袋の口を留めます（写真参照）。4個作ります。
5 こんにゃくを竹串に刺します。
6 1の鍋に3のだいこんを加え、弱めの中火にかけます。沸とうしたら、Cを加えます。ふたをして、弱火で約15分煮ます。残りの具を加え、弱火でさらに約30分煮こみます。
7 小鍋に甘みそだれの材料を入れて混ぜます。弱火にかけ、混ぜながらひと煮立ちさせます。器にしょうがじょうゆの材料を合わせます。
8 好みで練りがらしやたれをつけながら食べます。

スパゲティを4〜5cm長さに折り、油揚げの口のところをぬうようにして留めます。煮るとそのまま食べられるので、小さな子どもにも安心。スパゲティがなければ、つまようじで留めます。

75min 調理時間

はくさいのゆず茶あえ

材料（4人分）
はくさい — 300g
　塩 — 小さじ1/2
ゆず茶（ゆずのジャム）— 20g
酢 — 大さじ2

作り方　●1人分 25kcal

1 はくさいは大きい葉は縦半分にし、1cm幅に切ります。塩をふってもみ、5〜6分おきます。
2 1の水気を軽くしぼり、ゆず茶と酢を加えてあえます。

10min 調理時間

ひと口切りむすび

子ども

材料（4人分）
米 — 米用カップ1 1/2（225g）
漬けもの（しば漬けなど）— 適量
つくだ煮（ちりめんざんしょうなど）— 適量
しその葉 — 適量

作り方　●1人分 207kcal

1 米はといで*、ふつうに炊きます。
2 約30cm長さのラップを敷き、半量のごはんを細長く置きます。ラップごと、直径3cmくらいの棒状に巻き、そのままさまします。2本作ります。
3 ラップをしたまま、ひと口サイズに切ります。ラップをはずします。
4 しその葉と一緒に器に盛ります。漬けものやつくだ煮をのせます。

*米のとぎ汁は、おでんのだいこんの下ゆで用にとっておきます

15min 調理時間
（炊飯時間の約40分は除く）

\ Scene / ちょっと頑張る

07 具材とトッピングで楽しむ
わが家じまんのカレーパーティー

市販のカレールウを使っても、香味野菜をじっくりいためて、スパイスも使うと、本格的な味わいに。具材をいろいろ用意して、自由に楽しんでもらいましょう

わが家じまんのカレー

前日作りおき　子ども

材料 (4人分)
合びき肉 — 100g　たまねぎ — 1個 (200g)
にんにく — 1片　しょうが — 2かけ (20g)
サラダ油 — 大さじ2　水 — 700ml
カレールウ (市販) — 5皿分　ガラムマサラ — 大さじ1

調理時間 45min

作り方　●1人分 272kcal
1 たまねぎは薄切りに、にんにくはみじん切りにします。しょうがは皮をこそげて、すりおろします。
2 鍋に油と1を入れ、中火でいためます。しんなりしてきたら、弱火にし、少し色づくまでさらに約10分いためます。
3 ひき肉を加え、ほぐしながら4〜5分、肉がパラパラになるまでいためます。分量の水を加え、沸とうしたら弱火にし、約10分煮こみます。
4 カレールウとガラムマサラを加えます。ルウが溶けるまで、混ぜながら弱火で煮ます。

ターメリックライス

材料 (4人分)
米 — 米用カップ2 (300g)　水 — 360ml
ターメリック — 小さじ1/2

調理時間 35min
(炊飯時間の約40分は除く)

作り方　●1人分 268kcal
1 米はといで水気をきります。炊飯器に入れ、分量の水を加えて30分以上おきます。
2 ターメリックを加えて混ぜ、ふつうに炊きます。

トマトとたまねぎの
カチュンバル

材料 (4人分)
トマト — 2個 (400g)
たまねぎ — 1/2個 (100g)　塩 — 小さじ1/4
青とうがらし* — 1本　*ししとうがらし2本でも
A [レモン汁 — 大さじ1　塩 — 小さじ1/4]

調理時間 10min

作り方　●1人分 29kcal
1 たまねぎは薄切りにして塩でもみ、水でさっと洗って軽くしぼります。青とうがらしは斜め薄切りにします。トマトはひと口大に切ります。
2 器に1を入れてAを混ぜ、冷蔵庫で冷やします。

カレーの具材

● **ゆでる** ●
ブロッコリー — 150g
えび (無頭・殻つき) — 10尾 (180g)
卵 — 2個

調理時間 45min

1 ブロッコリーは小房に分けます。鍋に湯400mlをわかし、塩小さじ1/4 (材料外) を加えてゆでます。
2 鍋にえび、酒小さじ1と塩小さじ1/8 (材料外) を入れます。ふたをして、えびの色が変わるまで弱火で蒸し煮にします。さめたら、殻をむきます。
3 ゆで卵を作ります。

● **焼く** ●
牛ステーキ用肉 — 1枚 (150g)　にんにく — 小1片
エリンギ — 2本 (60g)

1 にんにく、エリンギは薄切りにします。
2 牛肉に塩・こしょう各少々 (材料外) をふります。
3 フライパンに油小さじ1 (材料外) とにんにくを入れて温め、肉を両面焼いてとり出します。残った油でエリンギを焼きます。

● **揚げる** ●
かぼちゃ — 200g　なす — 1個
れんこん — 100g　パプリカ (赤) — 1/4個 (約40g)
ししとうがらし — 10本　揚げ油 — 適量

1 かぼちゃは7〜8mm幅のくし形切り、なすは1cm幅の輪切り、れんこんは6〜7mm幅の輪切り、パプリカは長さを半分にして2cm幅に切ります。ししとうは縦に1本切り目を入れます。
2 深めのフライパンに揚げ油を2〜3cm深さまで入れ、低温 (150〜160℃) に温めます。1の野菜をそれぞれ入れ、揚げます。

★ トッピング (好みで)
フライドオニオン、フライドガーリック、
粉チーズ、福神漬け、らっきょう — 各適量

ラッシー

前日作りおき　子ども

材料 (4人分)
ヨーグルト — カップ1 (210g)
レモン汁 — 小さじ2
砂糖 — 大さじ2〜3
水 — 150ml

作り方　●1人分 53kcal
すべての材料をよく混ぜます。
冷蔵庫で冷やします。

パーティーの小ワザ

カレーパーティーのときは、辛口と甘口のカレーを用意しておきます。子どもや、辛いものがにが手な方に喜ばれます (町田教室　五十川直子)

料理の盛りつけのコツ

やはり、料理の「見た目」は大事なもの。
盛りつけがイマイチだと、せっかくのおいしい料理が引き立ちません。
反対に、たとえば買ってきたおかずでも、おしゃれに盛りなおして出すと、立派な1品になります。
ふだんのごはん作りにも役立つ、盛りつけのコツをまとめました。
さっそく今日のごはん作りから、試してみましょう。

おいしそうに盛りつける ポイント3 3 points

point 1 彩りよく
料理がきれいに見える、赤・黄・青・黒・白の5色のバランスに気をつけます。特に、赤や青（野菜などの緑）は配色のアクセントになります。

point 2 立体的に
山高にこんもりと、立体的に盛ったほうがおいしそうに見えます。

point 3 器の3割は余白
盛りつけがうまくいかない原因に、盛る量が多すぎることがあります。器の2/3くらいの量がめやすで、残りは余白として残します。

手早く盛りつける ポイント3 3 points

> 大皿料理をみんなにとり分けるときにも使えるよ！

point 1 人数分に分けて
1人分ずつ盛るときは、あらかじめ料理を人数分にざっと分けてから盛り始めます。 

point 2 両手を使って
片手だけで盛りつけると、形がくずれたり、料理を落としたりしてしまうことも。手やスプーンなどを添えます。

point 3 しあげにひとふき
器に散ってしまったソースなどは、盛りつけ終わったあとにふきとります。

スパゲティ

コツ! 盛る量は器に対してやや少なめに、立体的に盛ると、すっきりと洗練された印象になります。

1 大きめの具をよけ、フォークやトングでスパゲティをすくいます。

2 器の中心に小さな円を描くようにしながら、スパゲティを丸く置きます。

3 まん中をうめるようにして、山形になるように盛っていきます。具をバランスよくのせます。

野菜サラダ

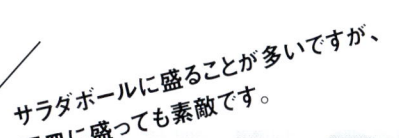

コツ! サラダボールに盛ることが多いですが、平皿に盛っても素敵です。

1 かさの出る葉もの野菜を盛ります。

2 トマトやきゅうりなど、彩りのポイントになるものをバランスよく盛ります。

3 さやいんげんやアスパラガスなど、高さの出しやすいものをのせ、アクセントに。

ふわっと立体的に盛るときは…

1 調理用のボール（盛る皿の半分くらいの直径のもの）にサラダを詰めます。

2 皿の上に返します。

ワンプレートごはん

> **コツ！** ひと皿に、おかず、ごはんやパン、サラダなどを一緒に盛るワンプレートごはん。彩りだけを優先して盛ると、「食べにくくて困った」ということも。食べる側に立って盛りつけることがポイントです。

1 メインになるおかずや大きいおかずは、食べやすいように手前に置きます。

2 スープも手前のとりやすい位置に。
※スープの器は、高さがあると不安定になるので低めのものを

3 まとまりにくいおかずは、レタスやサラダ菜をカップにして盛ります。食べやすくなり、見た目にも変化がつきます。

パーティーの小ワザ

○子どもは、大皿に盛ると好きなものばかり食べてしまうので、お子さまランチ風にワンプレートに盛ります。オムライスなどの卵料理のときは、トマトケチャップで名前や絵を描くと大喜びです（池袋教室　中村真由美）

○遅れて来るゲストのために、大皿に盛った料理から1〜2人分をワンプレートに盛ってとっておきます（銀座教室　田中和代）

先生のかんたんrecipe

かんたんトライフル

イギリス家庭でおなじみのおやつであるトライフルをかんたんに。材料を用意して、盛りつけるだけです
（池袋教室　風間紀美江）

作り方 ●4〜5人分
1 カステラ150gは2〜3cm角に切ります。
2 いちご10個とキウイフルーツ1個は食べやすく切ります。
3 生クリーム100mlに砂糖大さじ1を加え、ツノが立つまで泡立てます。
4 大きめの器に、**1**、**2**、**3**を交互に重ねて盛ります。

ソースを描く

コツ! レストランでよく見かける、線状に描かれたソースのもよう。難しいプロの技と思いがちですが、実はと意外かんたんです。

1 デザートスプーンかディナースプーンを用意し、多めにソースをとります。

2 最初に、描くもののイメージを固め、起点にソースをおきます。

3 途中で止めずに、思いきって一気に描きあげるほうがうまくいきます。

✱ ✱ ✱ Arrangement 1
皿全体にジグザグに線を描いても。

✱ ✱ ✱ Arrangement 2
みじん切りの野菜などが入っているソースは、少量ずつ落として、点のもようにしても。

コツ! マヨネーズやクリームなど、とろみのあるソースのときは、ポリ袋を使います。

1 小さめで厚手のポリ袋の下部の余分なところを切りとります（写真a）。角にソースをためます（写真b）。

2 角の先端から1mmくらいのところを切ります。

3 しぼり袋を使う要領で軽くにぎり、線を描きます。途中で止めずに、一気に描くときれい。

写真のような、携帯用調味料の袋の角を切って使っても

みんなで作る、
わいわいパーティー

きちんとできあがった料理を出さなくても、だいじょうぶ。
ゲストも参加して、その場で料理をしあげるのも、アリです。
たとえば、子どもからお年寄りまで、みんなが大好きなお好み焼き。
生地といろいろな具材を用意して、
それぞれ好きなものを混ぜて、自由に焼いて食べる。
ゲストが来る前に、材料を用意しておくだけなので、
キッチンにこもりっぱなし、という失敗はありません。

材料の用意だけしておけば

あとはゲストも交えて、
好きな具材を自由に

その場で、作りながら食べる。
食べながら作る

だ か ら

みんなでわいわい楽しめる！
（オリジナルの味を発見できるかも!?）

ゲストに喜ばれる、おしぼりのくふう

1. 夏は、冷たく
ぬらしてしぼったものを、冷蔵庫に入れておく

2. 冬は、温かく
ぬらしてしぼったものを、電子レンジで加熱する

3. よい香りをつける
レモン汁やミントの葉、アロマオイルなどで
香りをつけた水でぬらしてしぼる

\Scene/ **01** 好きな具をのせて、みんなでパクパク
カップずしパーティー

みんなで作る / 子ども / 30min 調理時間

紹介している具材は、あくまでも一例。大人が多いときは刺身の種類を増やす、子どもが多いときはハンバーグやえびフライを用意するなど、その日のゲストの好みに合わせましょう

まぐろ、いくら、スプラウト、サラダ菜

から揚げ、いり卵、チーズ、ミニトマト、きゅうり、サラダ菜

手巻きずしパーティーにしても！

材料 ※分量は、人数に合わせて用意してください。

すしめし

かために炊いたごはんに、すし酢を混ぜます。
ごはん2合分に、すし酢(砂糖大さじ3、塩小さじ1、酢50ml)がめやす

具材

- **ツナマヨ** ツナ缶詰小1缶(80g)にマヨネーズ大さじ2を混ぜる
- **イクラ**
- **まぐろの刺身**
- **サラダ菜**
- **きゅうり** 角切り
- **ミニトマト** 半分に切る
- **スプラウト** 根元を切る
- **プロセスチーズ** 型ぬきをする
- **から揚げ** 食べやすく切る
- **いり卵** 卵2個に砂糖大さじ1を混ぜ、いり卵を作る
- **魚肉ソーセージ** 型ぬきをする

しあげ

- しょうゆ
- わさび
- マヨネーズ

作り方

1 すしめしを用意します。

> サラダ菜を添えると、彩りがよい。

2 好きな具材をのせます。

パーティーの小ワザ

わが家では、手巻きずしパーティーのときに、焼いたスパムやとんカツを用意します。生ものがにが手なゲストに喜ばれます
(銀座教室　安川久美子)

3 マヨネーズ、しょうゆなどをかけて食べます。

いただきまーす!

先生のかんたんrecipe

アイスクリームサンド

アイスクリームは好みのもので。バニラ、チョコ、抹茶など、数種類を用意するとカラフルで華やかになります。チョコチップやバナナなどのフルーツを混ぜてもおいしい (渋谷教室　浜村ゆみ子)

作り方
ビスケットを2枚1組にしてアイスをはさみ、ナイフなどでまわりを整えます。冷凍庫で冷やし固めます。

\ Scene /
02 焼きたてピザパーティー

みんなで作る

好きな具をのせてオーブンへ！

子ども

30 min
調理時間

ピザ生地やソース類は、もちろん手作りでもよいですが、時間がないときは市販品でもOK。
上にのせる具材をいろいろ用意すれば、こんなに華やかなパーティーになります

トマトソース、ツナ、
コーン、トマト

ミートソース、ベーコン、
たまねぎ、ピーマン

デザートは
フルーツピザにすれば、
まさにピザづくし！

材料 ※分量は、人数に合わせて用意してください。

ピザ生地（市販品）
厚めのもの、薄めのものがあります。

ソース（市販品） 
- ピザソース 
- バジルソース 
- ミートソース

具材
- ベーコン　長さを6等分
- ツナ缶詰　汁気をきる
- ウィンナーソーセージ　縦半分に切る 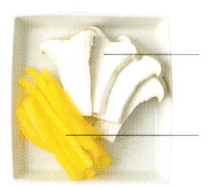
- ピザ用チーズ
- エリンギ　薄切り
- パプリカ　細切り 
- トマト　輪切り
- コーン缶詰　汁気をきる
- ピーマン　輪切り
- たまねぎ　薄切り

しあげ
- タバスコ 
- オリーブ油 
- 塩 
- こしょう

作り方

1 ピザ生地に、好きなソースをぬります。

2 好きな具材をのせます。
（この間に、オーブンの予熱を開始！）

3 チーズをのせて、240℃のオーブンで3分30秒〜4分焼きます。

4 好みでタバスコなどをかけて食べます。

先生のかんたんrecipe

フルーツピザ
ピザ生地は、薄めのものが、焼くとカリカリして、おいしい。厚めのものは、バターやグラニュー糖を少し多めにしましょう（渋谷教室　浜村ゆみ子）

オレンジ&チーズピザ
ピザ生地（20cm）— 1枚　オレンジ（輪切り）— $\frac{1}{2}$個
カッテージチーズ — 大さじ2　バター — 20g
グラニュー糖 — 小さじ2
1 ピザ生地にバターをぬり、オレンジとチーズをのせます。
2 グラニュー糖をふり、240℃のオーブンで約3分焼きます。

アップル&シナモンピザ
ピザ生地（20cm）— 1枚　りんご（薄切り）— $\frac{1}{2}$個
バター — 20g　シナモンシュガー — 小さじ2
1 ピザ生地にバターをぬり、りんごをのせます。
2 シナモンシュガーをふり、240℃のオーブンで約3分焼きます。

\ Scene /
03
みんなで作る

ホットプレートを囲んで
お好み焼きパーティー

子ども

30 min 調理時間

お好み焼きには、何を入れてもおいしいので、用意する具材はちょっと冒険してみても。
「えっ、こんなものも!?」という発見があり、パーティーが盛りあがります

キャベツ、にら、豚ばら肉、キムチ

キャベツ、万能ねぎ、シーフードミックス、紅しょうが

キャベツ、もやし、ちくわ、コーン、紅しょうが

具材を焼いて、鉄板焼きも楽しめる!

材料 ※分量は、人数に合わせて用意してください。

生地

お好み焼き粉の袋の表示どおりに生地を作ります。

具材

- **ちくわ** 輪切り
- **冷凍シーフードミックス** 解凍して水気をきる
- **万能ねぎ** 小口切り
- **コーン缶詰** 汁気をきる  
- **豚ばら肉**（薄切り）4〜5cm長さ
- **にら** 4〜5cm長さ
- **はくさいキムチ** 
- **紅しょうが** 
- **キャベツ** せん切り 
- **もやし**

しあげ

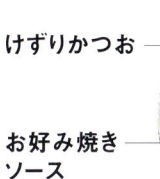

- けずりかつお
- お好み焼きソース
- マヨネーズ
- 青のり

作り方

1 お好み焼きの生地を用意します。

> 1人分ずつ器に入れます。大さじ2〜3くらい。

2 好きな具材を混ぜます。

3 ホットプレートで両面を色よく焼きます。

> 約220℃に熱し、サラダ油少々を敷いて生地を流し入れます。

4 ソースなどをかけて食べます。

パーティーの小ワザ

お好み焼きパーティーのときの〆（しめ）は、余った具材を利用して、焼きそばや焼きうどんをよく作ります。ソース味もよいですが、塩ガーリック味やしょうゆ味もおすすめ。おなかがいっぱいでも、不思議とぺろりと食べられます
（渋谷教室　三笠かく子）

先生のかんたんrecipe

フルーツ味のサイダー

オレンジやぶどうなど、濃いめの色のジュースで氷を作り、サイダーなどをそそぎます。サイダーにフルーツの味がついておいしい
（池袋教室　木村真奈美）

プラス + もう1品

持ちよりパーティーにも使える！
ほしいときのおすすめレシピ

どれもさめてもおいしく、作っておけるものばかり。ラッピングをくふうして
持ちよりパーティーに持っていくと、歓声があがること間違いなし！
おうちのパーティーで「＋もう1品ほしいとき」にも、おすすめです。

調理時間 30min

材料（4人分）
とりもも肉 ― 2枚（400g）
A ┌ しょうゆ ― 大さじ2
　 └ 酒 ― 大さじ1
卵 ― 1/2個
B ┌ かたくり粉 ― 大さじ2
　 └ 水 ― 大さじ1 1/2
C ┌ いりごま（白）― 大さじ2
　 └ かたくり粉 ― 大さじ2 1/2
D ┌ いりごま（黒）― 大さじ2
　 └ かたくり粉 ― 大さじ2 1/2
揚げ油 ― 適量

とりのセサミから揚げ

メインおかず

ごまの風味で、さめてもおいしく食べられます。
黒・白2色のごまを使うと、見た目も華やかに

作り方 ●1人分 380kcal

1 とり肉はひと口大に切ります。Aは合わせ、とり肉を入れて、時々混ぜながら約15分漬けます。
2 卵はとき、Bの水どきかたくり粉を加えます。
3 C、Dはそれぞれ合わせます。
4 とり肉の汁気をきり、2、3の順に衣をつけます。揚げ油を160℃に熱し、4〜5分じっくりと揚げます。

持ちよるとき

使い捨て容器を使うと、帰りが身軽なのがうれしい。ペーパータオルを敷き、から揚げを入れます。つけ合わせの生野菜を持っていくときは、別にして、水でしめらせたペーパータオルをかぶせておくと乾燥しません。

棒つくね 3種

メインおかず / 子ども

長いもを入れると、ふっくらやわらかくしあがり、さめてもおいしい。トッピングを変えて楽しみます

材料（4人分）
- とりひき肉 — 300g
- 長いも — 50g
- A
  - ねぎ（みじん切り）— 1/2本（50g）
  - しょうが（すりおろす）— 小1かけ（5g）
  - 卵 — 1/2個
  - かたくり粉 — 大さじ1 1/2
  - 酒 — 大さじ1
  - 塩 — 小さじ1/6
  - こしょう — 少々
- ごま油 — 大さじ1/2
- B
  - 砂糖 — 大さじ1/2
  - みりん — 大さじ1/2
  - しょうゆ — 大さじ1
  - 酒 — 大さじ1
- 〔トッピング〕
- いりごま、のり、七味とうがらし — 各適量

作り方　●1人分 189kcal

1. 長いもは皮をむき、あらみじん切りにします。
2. とり肉にAを加えてよく混ぜます。長いもを加えて混ぜ、10等分して約10cmの棒状に形づくります。
3. フライパンにごま油を温め、つくねを並べて中火で焼きます。焼き色がついたら裏返し、3〜4分焼きます。
4. Bを合わせて加え、煮つめてからめます。トッピングをそれぞれまぶします。

調理時間 30min

持ちよるとき

持ちより容器としておすすめなのが、黒のお弁当箱。肉料理など、茶色1色になりがちな料理をおいしそうに見せてくれます。お気に入りのペーパーナプキンを添えると、かわいらしくなります。プラスチック製容器は軽いのもうれしい。

えびコチュマヨ

メインおかず

フライパンで焼くので手軽に作れます。
ぷりぷり食感のえびに、甘めのソースがからんで絶品！

プラス＋もう1品

持ちよるとき

食卓にそのまま出せる容器に入れると、便利。ほうろう容器は、直火で温めなおすこともできます。

材料（4人分）

えび（無頭・殻つき）── 300g（15〜20尾）

A
- 塩 ── 少々
- 酒 ── 大さじ1/2
- マヨネーズ ── 大さじ1
- かたくり粉 ── 大さじ2

B
- マヨネーズ ── 大さじ3
- コチュジャン* ── 大さじ1/2
- はちみつ ── 大さじ1/2
- レモン汁 ── 小さじ2

サラダ油 ── 大さじ1

＊子どもがいるときはトマトケチャップでも

作り方 ●1人分 192kcal

1 えびは尾をひと節残して殻をむき、背のほうから切りこみを入れて開きます。背わたがあればとります。Aを順に加えてもみこみます。

2 大きめのボールにBを合わせてよく混ぜます。

3 フライパンに油を温めてえびを入れ、弱めの中火で焼きます。裏返して火が通ったら、2のボールに入れてからめます。

調理時間 20min

ミートローフ

メインおかず　前日作りおき　子ども

材料を混ぜたら、あとはオーブンにおまかせなので、実はかんたん。切ったときの断面がカラフルで楽しい

材料（12切れ分）
- 合びき肉 — 300g
- A
  - 卵 — 1個
  - パン粉 — カップ 1/2（20g）
  - 牛乳 — 大さじ2
  - 塩 — 小さじ 2/3
  - こしょう・ナツメグ — 各少々
- たまねぎ — 1/2個（100g）
- バター — 5g
- ミックスベジタブル — 100g
- うずら卵（水煮） — 6～7個
- 〔ソース〕
- トマトケチャップ — 大さじ2
- ウスターソース — 大さじ1

調理時間 40min（蒸らす時間は除く）

作り方　●1切れ 98kcal

1 たまねぎはみじん切りにします。器に入れ、バターを4つにちぎってのせ、ラップをして電子レンジで約2分加熱します。ミックスベジタブルは熱湯をかけて解凍します。

2 ひき肉にAを加えてよく混ぜます。**1**も加えてよく混ぜます。

3 オーブン皿にクッキングシートを敷き、**2**の半量を7×20cmくらいの長方形に広げます。うずら卵をまん中に並べます。残りの**2**をのせて形をドーム形に整えます。

4 220℃のオーブンで約25分焼きます。アルミホイルをかぶせ、中に入れたまま約10分おいて蒸らします。とり出して、さめたら切り分けます。ソースの材料を合わせて添えます。

持ちよるとき

アルミホイルに包み、紙皿などにのせて持っていきます。形がくずれず、持ちより先ではそのまま出すことができます。ソースは別容器に入れて。

プラス +もう1品

韓国風のり巻き

ごはんもの ふつうの巻きずしよりもかんたんな、ラップで作れる裏巻きずしです

子ども

調理時間 30min

持ちよるとき

ラップごと切り分けて、箱などに入れて持っていけば、型くずれの心配がありません。食べるときには、ラップに注意しましょう。

材料（2本分）
- 牛薄切り肉（ロース、もも） — 100g
- A［焼き肉のたれ — 大さじ1／ねぎ（みじん切り） — 5cm］
- きゅうり — 1/2本
- 温かいごはん — 600g
- B［ごま油 — 大さじ1　塩 — 小さじ1/2］
- 韓国のり（カットしたもの） — 12枚
- いりごま（白） — 大さじ3

作り方　●1本 835kcal

1. ごはんにBを混ぜて、さまします。
2. 肉にAをよくもみこみ、5分おきます。
3. きゅうりは斜め薄切りにしてから細切りにします。塩少々（材料外）をふってもみ、水気をしぼります。
4. フライパンにごま油少々（材料外）を温め、肉を焼きます。とり出してさまします。
5. ラップ（30×40cm）を敷き、ごはん半量を広げます（のり6枚分の大きさ）。ごま大さじ1½をふります（写真a）。
6. ラップをもう1枚かぶせ、軽く押します。ラップごと裏返し、上のラップをはずします。
7. ごはんの上にのりを6枚並べます。まん中に半量の肉ときゅうりをのせ（写真b）、ラップで巻きます。もう1本作ります。
8. ラップごと切り分けます。

うなぎ棒ずし

ごはんもの / 子ども

甘酢しょうがとしその葉が
食感と風味のよいアクセントになります

材料（1本分）
- うなぎのかば焼き — 1枚（80g）
  - 酒 — 大さじ1/2
- しその葉 — 2枚
- 甘酢しょうが — 20g
- いりごま（白） — 大さじ1
- 温かいごはん — 300g
- A
  - 砂糖 — 大さじ1 1/2
  - 酢 — 大さじ2
  - 塩 — 小さじ1/2

15 min 調理時間（おく時間は除く）

作り方 ●全量 841kcal

1. 甘酢しょうがはあらみじん切りに、しその葉は軸をとって縦半分に切ります。
2. Aは合わせ、ごはんに混ぜます。ごまとしょうがを加え、さっくりと混ぜます。
3. うなぎは酒をふり、ラップをして電子レンジで約30秒加熱します。
4. ラップ（30×40cm）を広げてうなぎを皮を上にしてのせ、しその葉をのせます。ごはんをのせて広げ、ラップでしっかり巻き、棒状に形を整えます。ラップの両端をねじり、20〜30分おいてなじませます。ラップごと切り分けます。

持ちよるとき

ラップでしっかりと包み、お気に入りのナプキンや手ぬぐいで包みます。飾り用の植物などを添えると、さらに素敵です。

プラス+もう1品

2種のびっくりサンド

ごはんもの / 子ども

バゲットを丸ごと1本使ったダイナミックなサンドイッチです。
切りこみを入れて、食べるときにちぎってとり分けます

持ちよるとき

切り分けてもよいですが、丸ごとのままのほうが存在感があります。乾燥しないようにラップで包み、ワックスペーパーなどに包みます。

材料（大1本分）
バゲット — 大1本
オリーブ油 — 大さじ2〜3

A
- パストラミビーフ（薄切り） — 50g
- きゅうりのピクルス — 2本
- かぶ — 1個
- フレンチドレッシング — 大さじ1/2

B
- カマンベールチーズ — 100g
- スモークサーモン — 50g
- ルッコラ — 10g
- レモン（輪切り） — 2枚

調理時間 20min

作り方　●全量 1532kcal

1 かぶは2〜3mm厚さに切り、ドレッシングをかけて約10分おきます。ピクルスは薄切りにします。

2 チーズは厚みを半分に切り、6〜8つに切ります。レモンはいちょう切りにします。

3 パンは約1.5cm間隔の切りこみを深く入れます（下を1cmほど残してつなげておきます）。2つを1組にして、内側にオリーブ油をぬります。

4 AとBをそれぞれ、パンのオリーブ油をぬった面にはさみます。

ベーコンとほうれんそうのキッシュ

ごはんもの / 前日作りおき / 子ども

サラダ用ほうれんそうを使うと、ゆでるひと手間がかかりません

材料（直径18cmの型1個分）
- 冷凍パイシート — 1枚
- ベーコン（ブロック） — 50g
- サラダ用ほうれんそう — 1束（100g）
- たまねぎ — 1/2個（100g）
- エリンギ — 大1本（50g）
- バター — 20g
- A
  - 塩 — 小さじ1/4
  - こしょう — 少々
- 卵 — 2個
- B
  - 生クリーム — 100ml
  - ピザ用チーズ — 50g
  - 塩 — 小さじ1/6
  - こしょう — 少々

調理時間 45min

作り方　●全量 1607kcal

1. たまねぎは薄切りに、エリンギは長さを半分にして薄切りにします。ほうれんそうは3～4cm長さに、ベーコンは1cm幅に切ります。
2. フライパンにバターを温め、**1**をいためます。Aをふります。
3. 卵をとき、Bを混ぜます。
4. パイシートは半解凍の状態で、小麦粉少々（材料外）をふり、めん棒を使って型よりもひとまわり大きめにのばします。型に敷きつめます（写真参照）。フォークで底に穴をあけ、縁にフォークの先を押しつけて模様をつけます。
5. **2**と**3**を混ぜ、**4**に流し入れます。180℃のオーブンで約25分焼きます。

持ちよるとき

使い捨てのアルミ型のパイ皿を使うと、そのまま持っていけて、型くずれの心配がありません。厚紙にのせてワックスペーパーで包み、プレゼントにしても。

型からはみ出た部分は切り落とし、縁のすき間をうめるように重ねてなじませます。

プラス もう1品

サブおかず

いかのマリネサラダ

前日作りおき　子ども

いかは皮つきでOK。鍋ひとつで材料を続けてゆでるので、手軽に作れます

材料（4人分）
- するめいか — 1ぱい（300g）
- たまねぎ — 1/4個（50g）
- パプリカ（赤）— 1/4個（約40g）
- 黒オリーブ（輪切り）— 10g
- レモン（輪切り）— 2枚
- A
  - レモン汁 — 大さじ1 1/2
  - 白ワイン — 大さじ1
  - 塩 — 小さじ1/3
  - 砂糖・こしょう — 各少々
  - オリーブ油 — 大さじ2

調理時間 20min（漬ける時間は除く）

作り方　●1人分 106kcal

1. たまねぎは長さを半分に切って1cm幅に切り、パプリカは2cm角に切ります。
2. レモンはいちょう切りにします。Aを合わせ、レモンとオリーブを加えます。
3. いかは内臓をとり、足は吸盤をとります。胴とエンペラは1cm幅の輪切り、足は1本ずつ切り離し、長いものは長さを半分に切ります。
4. 鍋に湯1ℓをわかし、塩大さじ1/2（材料外）を入れます。たまねぎとパプリカをさっとゆで、水気をきって2に漬けます。同じ湯でいかもゆで、水気をきって熱いうちに2に漬けます（30分後から食べられます）。

持ちよるとき

汁気の多い料理には、ふたがきっちり閉められる保存容器がおすすめ。念のためにポリ袋にも入れると、万が一汁もれがしても安心です。布や袋に食べもののにおいがつく心配もありません。

ししゃもの南蛮漬け

サブおかず　前日作りおき

1尾魚の料理があると、やはり見栄えがします。
ししゃもは下ごしらえ不要なので使いやすい

材料（4人分）
ししゃも — 12尾
　小麦粉 — 大さじ1
ごま油 — 大さじ1
ねぎ — 1本
しょうが — 1かけ（10g）
赤とうがらし（小口切り） — 1本分
A ┌ 酢 — 大さじ4
　├ しょうゆ — 大さじ1½
　└ 砂糖 — 小さじ1

作り方　●1人分 130kcal

1 ねぎは斜め薄切り、しょうがはせん切りにします。
2 容器にAを合わせ、**1**と赤とうがらしを加えてあえます。
3 ししゃもに小麦粉をまぶします。フライパンにごま油を温め、ししゃもを両面色よく焼きます。熱いうちに**2**に漬けます（すぐに食べられます）。

調理時間 15min

ミニトマトのカラフルピクルス

サブおかず　前日作りおき　子ども

赤・黄の2色で作ると、見た目も華やかになります

材料（4人分）
ミニトマト — 20個（約250g）
A ┌ 酢 — 150ml
　├ 水 — 100ml
　├ 砂糖 — 大さじ3
　├ 塩 — 小さじ1
　├ ローリエ — 1枚
　└ 粒こしょう（白） — 小さじ1

作り方　●1人分 26kcal

1 鍋にAを合わせ、ふたをずらしてのせ、中火でひと煮立ちさせます。砂糖が溶けてあら熱がとれたら、保存容器に移します。
2 ミニトマトはへたをとり、**1**に漬けます。冷蔵庫に入れ、ひと晩以上おきます。

調理時間 10min
（漬ける時間は除く）

> プラス
> ＋
> もう1品

サブおかず

かんたんナムル 3種

★ 前日作りおき

ヤンニョム（たれ）はまとめて作り、野菜ごとにあえます

持ちよるとき

おそうざいを買ったときの使い捨て容器をとっておくと、持ちよりのときに便利です。

材料（4人分）
れんこん ― 150g
にんじん ― 80g
さやいんげん ― 100g
ごま油 ― 小さじ2
酒 ― 小さじ2

A
- ねぎ（みじん切り） ― 10cm
- にんにく（すりおろす） ― 小1片
- いりごま（白） ― 大さじ1½
- 酒 ― 大さじ1
- 塩 ― 小さじ¼
- しょうゆ ― 小さじ¼

15 min 調理時間

作り方 ●1人分 75kcal

1. れんこんは皮をむき、縦1cm幅に切ります。フライパンにごま油小さじ1を温めて軽くいためます。酒小さじ1をふってふたをし、弱火で2分ほど蒸し煮にします。

2. にんじんは3〜4cm長さの細切りにします。フライパンにごま油小さじ1を温めて軽くいためます。酒小さじ1をふってふたをし、しんなりするまで蒸し煮にします。

3. さやいんげんは筋があればとり、塩少々（材料外）を加えた湯でゆでます。3〜4cm長さの斜め切りにします。

4. Aは合わせます。3つに分けて、**1**、**2**、**3**をそれぞれあえます。

かぼちゃとさつまいものサラダ

サブおかず

子どもと女性が喜ぶほくほくサラダ。すりごまがかくし味です

前日作りおき　子ども

材料 (4人分)
かぼちゃ ― 200g
さつまいも ― 200g
たまねぎ ― 1/4個 (50g)
レーズン ― 大さじ2
A ┌ マヨネーズ ― 大さじ4
　├ プレーンヨーグルト ― 大さじ1
　├ すりごま (白) ― 大さじ2
　└ 塩・こしょう ― 各少々

20min 調理時間

作り方　●1人分 215kcal

1 かぼちゃは1cm厚さのひと口大に切ります（皮はところどころけずります）。さつまいもは5mm厚さの輪切りか半月切りにして、水にさらします。たまねぎは薄切りにして塩少々（材料外）をふり、しんなりしたら水気をしぼります。

2 鍋にさつまいもを入れ、水100mlと塩小さじ1/8（材料外）を加え、ふたをして約3分煮ます。竹串がやっと通るくらいになったらかぼちゃを加え、ふたをして約3分煮ます。やわらかくなったら、ふたをとって水気をとばし、さまします。

3 ボールにAを合わせ、たまねぎを混ぜます。**2**とレーズンを加えて混ぜます。

切り干しだいこんとひじきのさっぱりサラダ

サブおかず

桜えびとしょうがの風味がきいています

前日作りおき

20min 調理時間（漬ける時間は除く）

材料 (4人分)
切り干しだいこん ― 30g
芽ひじき ― 10g
ズッキーニ ― 50g
しょうが ― 5g
桜えび ― 5g
A ┌ 砂糖 ― 大さじ1
　├ 酢 ― 大さじ2
　├ しょうゆ ― 大さじ1
　└ 塩 ― 小さじ1/8

作り方　●1人分 42kcal

1 ひじきはたっぷりの水に約15分つけてもどし、ざるにあげます。熱湯でさっとゆで、水気をよくしぼります。

2 切り干しだいこんは熱湯に約5分つけ、水気をしぼります。3cm長さに切ります。

3 ズッキーニは薄い半月切りにし、塩少々（材料外）をふって軽くもみ、水気をしぼります。しょうがはせん切りにします。

4 Aを合わせ、**1**、**2**、**3**と桜えびを混ぜ、20分以上漬けます。

プラス ＋ もう1品

おやつ

ポン・デ・ケージョ

前日作りおき　子ども

もちもちした食感とチーズ風味がおいしい、発酵いらずのかんたんパン。中身にちょっとしたお楽しみがあります

黒オリーブ（スライス）を中に入れて、"当たり"を作っても。パーティーが盛りあがります。

持ちよるとき

少し油気のあるパンなので、紙袋に入れるときは、耐油紙でできたものに。チーズの香りが強いので、においが気になるときは、ポリ袋に入れても。電子レンジで軽く温めて食べると、よりおいしい。

材料（12個分）
白玉粉 — 80g
水 — 大さじ4
牛乳 — 大さじ3
サラダ油 — 大さじ4
A ┃ 薄力粉 — 50g
　　┃ ベーキングパウダー — 小さじ1/2
粉チーズ — 20g
塩 — 小さじ1/8

調理時間 40min

作り方　●1個 91kcal

1 ボールに白玉粉と分量の水を入れて、粉のかたまりがなくなるまで手でよく混ぜます。
2 牛乳を少しずつ加えて混ぜます。サラダ油を加え、泡立器でよく混ぜます。
3 Aを合わせ、ざるなどで**2**にふるい入れます。粉チーズと塩を加え、耳たぶくらいのかたさになるまで手でこねます。
4 棒状にまとめ、12等分して丸めます。190℃のオーブン（ガスオーブン180℃）で20〜25分焼きます。

シリアルチョコ

おやつ / 前日作りおき / 子ども

使う材料は3つのみで、火も使わないのでらくに作れます。
みんなが大好きなサクサク食感のチョコレートです

持ちよるとき

紙コップに入れてお気に入りのペーパーナプキンをかぶせたり、ラッピング袋に入れるとかわいい。持ち運んでも、形がこわれにくく安心です。

材料（20個分）
ブラックチョコレート — 100g
コーンフレーク — 30g
バター — 10g

調理時間 20min

作り方　●1個 37kcal

1 チョコレートはひと口大に割ってボールに入れます。

2 1のボールよりひとまわり大きい鍋かボールに50℃のお湯（お風呂よりも少し熱め）を入れて1を浮かべ、ゴムべらなどで混ぜながらチョコをゆっくり溶かします。

3 2にバターを加えて溶かし、混ぜます。コーンフレークを加え、チョコを全体にからめます。

4 クッキングシートもしくはグラシンカップ*に、3をスプーンでひと口サイズにまとめて置きます。固まるまでさまします。

* 熱、油、水に強く、料理がくっつきにくいカップ。アルミカップやシリコンカップでも

プラス＋もう1品

おやつ

洋風ミニどら焼き

前日作りおき　子ども

思わず笑顔になってしまうかわいらしさ。
きれいな焼き色にしあげるコツは、温めたフライパンをぬれぶきんに
数秒のせてから生地を流し入れることです

持ちよるとき

1個ずつラップに包むと、生地とあんがしっとりなじみ、乾燥対策にもなります。ゲストへのおみやげにしても喜ばれます。

材料（15個分）

ホットケーキミックス ― 150g
卵 ― 1個
牛乳 ― 100ml
つぶあん ― 120g
プロセスチーズ ― 40g

調理時間 30min

作り方　●1個 75kcal

1 ホットケーキミックス、卵、牛乳を混ぜて生地を作ります。あんは15等分して、丸めておきます。チーズは約1cm角に切ります。

2 フッ素樹脂加工のフライパンを弱火で温め、ぬれぶきんにのせます。生地を大さじ1杯分ずつ流し入れ、3～4cmの大きさにします。

3 ふたをして弱火で3～4分、表面にプツプツと穴があいてきたら裏返し、1～2分焼きます。合計30枚焼き、ぬれぶきんなどをかけてさまします。

4 2枚1組にして、あんとチーズをはさみます。

カトルカール

おやつ

フランスの代表的な焼き菓子。
数日おくとしっとりなじみます

前日作りおき　子ども

きめ細かい生地の、
しっとり甘いケーキです。

材料（18×8×6cmの紙製パウンド型1個分）
卵 ― 2個
砂糖 ― 100g
レモンの皮（すりおろす）
　― 1/2個
薄力粉 ― 100g
バター ― 100g
粉糖 ― 少々

調理時間 45min

作り方　●全量 1672kcal
1 バターは小さめのボールに入れて熱湯に浮かべ、溶かします。そのままおいておきます。
2 別のボールに卵を入れ、泡立器でときほぐし、泡立てます。砂糖を2～3回に分けて加え、しっかりと泡立てます（泡立器を持ち上げると、生地が少し積もっては消えるくらい）。
3 2にレモンの皮を加えます。薄力粉をざるなどでふるい入れます。ゴムべらにかえて、切るように混ぜます。
4 3に1の熱い溶かしバターを一気に加え、手早く混ぜます。
5 型に流し入れ、170℃のオーブン（ガスオーブン150℃）で約30分焼きます。さめたら粉糖を茶こしでふります。

コーヒーいもようかん

おやつ

お茶はもちろん、紅茶やコーヒーにもよく合います

前日作りおき　子ども

調理時間 40min

材料（400mlの容器1個分）
さつまいも ― 600g
A ┌ 砂糖 ― 60g
　│ 生クリーム ― 大さじ2
　│ ブランデーまたはラム酒
　└ 　― 小さじ1
B ┌ インスタントコーヒー
　│ 　― 小さじ1
　└ 湯 ― 小さじ1/2

作り方　●全量 762kcal
1 さつまいもは1cm厚さの輪切りにして皮を厚くむき、10分ほど水にさらします（正味300g）。Bはよく混ぜて溶かします。
2 鍋にいもと水300ml（材料外）を入れ、ふたをして中火で約10分、蒸し煮にします。いもがやわらかくなったら、ふたをとって水気をとばします。
3 熱いうちにつぶし、裏ごしします。Aを加えてよく混ぜます。
4 3を2つに分け、片方にBを混ぜます。両方のいもを軽く合わせ、容器にぎゅっと詰めます。

作り慣れたおかずだから、失敗なし！
いつものおかずで、おもてなし

ハンバーグやコロッケなど、ふだんから作っているおかずに、
ほんのひとくふうを加えて、おもてなし料理にしてしまいましょう。
ここではアイディアを紹介するので、味つけは自分のお気に入りのレシピでどうぞ。
作り慣れているおかずだから失敗もなく、安心です。

ピザ風ハンバーグ

小さめのフライパンにハンバーグの生地を敷きつめて焼きます。裏返さずに、ふたをして、弱めの中火でじっくり焼くのがポイント。竹串を刺して、出てくる肉汁が透き通っていたら、焼きあがりです。チーズ、ミニトマト、オリーブをのせ、再びふたをしてチーズが溶けるまで加熱します。器に盛り、バジルの葉を飾ります。切り分けて食べます。

チーズのせハンバーグ

スライスチーズをのせ、ハンバーグのソースやトマトケチャップで顔を描きます。チーズを型ぬきしてのせても。

チーズinハンバーグ

ハンバーグを作るときに、中にチーズを入れます。とろ〜り溶けたチーズがソースとからんでおいしい。

ミニハンバーグ

ハンバーグをミニサイズに作ります。数が多いときは、オーブンでまとめて焼くと、かんたんです。野菜（写真はれんこんと、型ぬきしたにんじん）を一緒に焼き、ハンバーグの上に飾ると、華やかになります。野菜嫌いな子どもも思わず食べてくれそう。

ひと口サイズに作ります。中にうずら卵や、ゆでたブロッコリー、にんじんを入れても。中に何が入っているかは、食べるまでのお楽しみです。

ミニコロッケ

から揚げをピックに刺し、つまみやすくします。きゅうりやミニトマトと一緒に刺して、下にタルタルソースを敷くのもおすすめです。

から揚げのピンチョス

いつものグラタンをカラフルなシリコンカップ（オーブン対応のもの）やアルミカップに入れて焼きます。とり分ける手間がなく、見た目も華やかになります。

ミニグラタン

つまみやすいように、いつもよりも小さめに切り分けます。パンの種類を変えたり、いろいろな具を用意したりして、カラフルに。

フィンガーサンド

食パン1枚に具をのせて、ラップでロール巻きにします。半分に切ると、中のうず巻きもようがかわいい。ハムやチーズなどのほか、ジャムやピーナッツクリームなどもおすすめです。

ラップサンド

ミニおむすび

いろんな味が食べられるように、ひと口サイズで作ります。中に具を入れるのはたいへんなので、ふりかけなどで混ぜごはんにして、カラフルにしあげます。焼きのりを飾ってもかわいい。

あると便利な、おうちパーティーグッズ

ゲストに「気がきいているな」と思われる、お役立ちグッズを紹介します。
いろいろそろえると、おうちパーティーがさらに楽しくなります。

＊ 食卓で ＊

安価でそろえやすい紙製の食器類もおすすめです。

こわれない食器類やカトラリー
プラスチック製やメラミン製の食器は、洗って何度でも使えて便利。カラフルなものを色違いで用意すると、各自の目印にもなります。

白い紙製の食器類は、マスキングテープやシールを使って、カラフルに飾りつけても。

ウェットティッシュ
気兼ねなく使ってもらえます。

保存容器
ふたつきで、テーブルにそのまま出せるものを。マリネなど、作りおき料理の盛りつけに使えます。

ペーパーナプキン
パーティーのテーマや季節に合ったものを用意します。

✲ 洗面所、トイレで ✲

ミニタオル
毎回新しいものを使えるように、たくさん用意しておくと気持ちがよい。使用ずみのものを入れるカゴなども置いておきます。

トイレットペーパー
香りつきやかわいい柄つきのもの、手触りのよいものを用意しておくと、喜ばれます。替えのものは、わかりやすい場所に。

持ちよりパーティーや、おみやげを渡すときにあると便利！

プラスチック製や紙製の使い捨て容器
残った料理を持ち帰ってもらうときに便利です。100円ショップなどでも購入できます。

ジャムなどの空きびん
汁気のあるものを入れられ、密閉容器よりもおしゃれ。ふだんから、捨てずにとっておくと便利です。

保冷材や保冷バッグ
夏場や、冷たい料理を持ち運ぶときに、あると安心です。保冷材は冷凍庫で凍らせておきます。

パーティーの小ワザ
ペーパーナプキンでカトラリー入れを作る

1. 4つ折りにしたペーパーナプキンの片側を三角に折ります。

2. 裏返し、両端の角を折り曲げます。表に返し、ポケット状のところにカトラリーを入れます。

\ これは便利 /

おうちパーティーの準備チェックリスト

○ テーマ：

○ メンバー：　　　　　　　　　　　（　　名）

○ 日時：　　月　　日　　時　から

	～1週間前	前日	当日
料理	☐ メニューを決める	☐ 料理の下ごしらえ	☐
	☐ テーブルセッティングを考える	☐	☐
	☐	☐	☐
	☐	☐	☐
	☐	☐ 食器の準備	☐
	☐	☐ 飲みものを冷やす	☐
買いもの	☐ 食器類	☐ 食材	
	☐ 雑貨類（ペーパーナプキンなど）	☐	
	☐ 飲みもの	☐	
	☐	☐	
	☐	☐	
	☐	☐ 花など	
そうじ	☐ 窓ガラス	☐ リビング・ダイニングルーム	☐ 洗面所
	☐ 庭先、ベランダなど	☐ キッチン	☐ トイレ
	☐ キッチンの換気扇	☐ 玄関	☐
	☐ カーテン、クッションカバーなど	☐	☐
	☐ 冷凍冷蔵庫内の整理	☐	☐
	☐	☐	☐
	☐	☐	☐
ほか	☐ 招待状（メール）を送る		

> 煮こむもの、冷やすもの、さめてもよいものから作ります。
> ※この本では、手順を色分けしてあります → p.5

> 自分の身支度チェックも忘れずに！

番外編 パーティーに参加する心得7

7 points

お互いがおうちに招きあう仲でも、おさえておきたいマナーがあります。
自分がおうちパーティーに招かれたときに、気をつけたいことをまとめました。

point 1 手みやげを用意する

「手ぶらで来てね」と言われても、会費制や持ちよりパーティーでなければ、手みやげは持っていきたいもの。何がよいか迷ったら、チョコレートやお酒など、日もちのするものが無難です。

point 2 早く行かない、遅刻をしない

時間ぴったり、もしくは5分ほど遅れて到着するのがよいといわれています。招く側は時間ギリギリまで準備に追われていることが多いので、早く来られると焦ることも。逆に、大幅な遅刻はほかの人にも料理が出しにくくなってしまいます。

point 3 出された料理は、すぐに食べる

出された料理には、とりあえずすぐに口をつけるのがマナーです。おしゃべりに夢中になり、いつまでも手をつけないでいると、せっかくの料理がさめてしまいます。

point 4 食べられないときは、正直に伝える

嫌いなものや、どうしても食べられないものがあったら、正直に伝えましょう。何も言わずに残すと、「おいしくなかったのかな？」と、作った人に心配をかけてしまいます。

おなかいっぱいで食べきれないときは、「いただいて帰ってもよいですか？」と聞いてみても。作った人も喜びます。

point 5 「お手伝いしましょうか？」

とりあえず、ひと言声をかけます。でも、「キッチンを見られたくない」という人もいるので、無理に手伝おうとしないこと。断られたら、好意に甘えましょう。

point 6 「では、そろそろ」は、こちらから

食後のお茶を飲み終わり、ひと段落したら「では、そろそろ…」のひと言は、招かれたゲスト側から。招いた側からは言い出しにくいものです。

point 7 「ありがとう」を忘れずに

帰宅したら、とり急ぎ、お礼と無事に帰宅した旨を電話やメールで伝えます（ただし、帰宅が深夜の場合は避ける）。目上の方からのお招きなら、後日早めに、改めて郵便でお礼状を出しても。

さくいん

豚肉

- 21 … 豚スペアリブのみそ煮
- 38 … 豚ヒレ肉のポットロースト
- 46 … ルーローハン (豚ばら肉・かたまり)
- 69 … お好み焼きパーティー (豚ばら肉・薄切り)
- 67 … 焼きたてピザパーティー (ソーセージ)
- 25 … かいわれのハムマヨ巻き
- 53 … ルッコラの生ハム巻き
- 13 … クリームチーズペンネ (ベーコン)
- 67 … 焼きたてピザパーティー (ベーコン)
- 77 … ベーコンとほうれんそうのキッシュ

とり肉

- 11 … とりとトマトのピラフ
- 50 … ミニ焼きとり
- 70 … とりのセサミから揚げ
- 19 … とりのはるさめヌードル
- 42 … 手羽先焼き2種

牛肉

- 17 … ハッシュドビーフ (牛切り落とし肉)
- 57 … わが家じまんのカレー (牛ステーキ用肉)
- 74 … 韓国風のり巻き (牛ロース、もも)
- 76 … 2種のびっくりサンド (パストラミビーフ)

ひき肉

- 42 … スティック春巻き (豚ひき肉)
- 55 … 具だくさんおでん (とりひき肉)
- 71 … 棒つくね3種 (とりひき肉)
- 57 … わが家じまんのカレー (合びき肉)
- 73 … ミートローフ (合びき肉)

魚介類・加工品

- 78 … いかのマリネサラダ
- 25 … イクラのきゅうりボート
- 65 … カップずしパーティー (イクラ)
- 75 … うなぎ棒ずし
- 19 … えびのエスニックサラダ
- 53 … 魚介と野菜のオーブン焼き (えび)
- 57 … わが家じまんのカレー (えび)
- 72 … えびコチュマヨ
- 24 … サーモンのチコリカップ
- 47 … サーモンの生春巻き
- 76 … 2種のびっくりサンド (スモークサーモン)
- 79 … ししゃもの南蛮漬け
- 69 … お好み焼きパーティー (シーフードミックス)
- 23 … たいのだし茶漬け
- 39 … たこのカルパッチョ風サラダ
- 50 … ぶりだいこん
- 13 … ほたてのカルパッチョ
- 53 … 魚介と野菜のオーブン焼き (ほたて)
- 65 … カップずしパーティー (まぐろ)
- 27 … めんたいマヨディップ
- 25 … かまぼこの梅しそサンド
- 65 … カップずしパーティー (魚肉ソーセージ)
- 55 … 具だくさんおでん (さつま揚げ・ちくわ)
- 69 … お好み焼きパーティー (ちくわ)
- 65 … カップずしパーティー (ツナ缶詰)
- 67 … 焼きたてピザパーティー (ツナ缶詰)

野菜、くだもの

あ

- 17 … 焼きベジサラダ (アスパラガス)
- 15 … アボカドのココット焼き
- 27 … アボカドディップ
- 15 … クラッシュゼリー (いちご)
- 60 … かんたんトライフル (いちご)
- 13 … クリームチーズペンネ (エリンギ)
- 57 … わが家じまんのカレー (エリンギ)
- 67 … 焼きたてピザパーティー (エリンギ)
- 77 … ベーコンとほうれんそうのキッシュ (エリンギ)
- 23 … オクラのおかかあえ
- 17 … フルーツポンチ (オレンジ)
- 67 … オレンジ&チーズピザ

か

- 25 … かいわれのハムマヨ巻き
- 46 … ルーローハン (かいわれだいこん)
- 17 … 焼きベジサラダ (かぶ)
- 21 … かぶのさっぱり甘酢漬け
- 76 … 2種のびっくりサンド (かぶ)
- 57 … わが家じまんのカレー (かぼちゃ)
- 81 … かぼちゃとさつまいものサラダ
- 11 … カリ・ポテサラダ (カリフラワー)
- 17 … フルーツポンチ (キウイフルーツ)
- 60 … かんたんトライフル (キウイフルーツ)
- 69 … お好み焼きパーティー (キャベツ)
- 13 … ミニトマトときゅうりのピンチョス
- 15 … ビーンズサラダ (きゅうり)
- 25 … イクラのきゅうりボート
- 47 … サーモンの生春巻き (きゅうり)
- 65 … カップずしパーティー (きゅうり)
- 74 … 韓国風のり巻き (きゅうり)
- 13 … クレソンとくるみのサラダ
- 21 … 豚スペアリブのみそ煮 (ごぼう)
- 43 … 五目炊きこみごはん (ごぼう)
- 67 … 焼きたてピザパーティー (コーン缶詰)
- 69 … お好み焼きパーティー (コーン缶詰)

さ

- 81 … かぼちゃとさつまいものサラダ
- 85 … コーヒーいもようかん (さつまいも)
- 19 … 紫いものココナッツミルク煮
- 21 … コロコロ野菜の具だくさん汁 (さといも)
- 80 … かんたんナムル (さやいんげん)
- 43 … 五目炊きこみごはん (さやえんどう)
- 65 … カップずしパーティー (サラダ菜)
- 21 … コロコロ野菜の具だくさん汁 (しいたけ)
- 23 … カラフル卵焼き (しいたけ)
- 43 … 五目炊きこみごはん (しいたけ)
- 46 … ルーローハン (しいたけ)
- 50 … ミニ焼きとり (ししとうがらし)
- 57 … わが家じまんのカレー (ししとうがらし)
- 25 … かまぼこの梅しそサンド
- 42 … スティック春巻き (しそ)
- 75 … うなぎ棒ずし (しそ)
- 43 … れんこんの梅サラダ (しめじ)
- 11 … カリ・ポテサラダ (じゃがいも)
- 17 … かんたんマッシュポテト (じゃがいも)
- 53 … 魚介と野菜のオーブン焼き (じゃがいも)
- 13 … ジンジャーシャーベット (しょうが)
- 19 … とりのはるさめヌードル (しょうが)
- 19 … えびのエスニックサラダ (しょうが)
- 42 … 手羽先焼き2種 (しょうが)
- 46 … ルーローハン (しょうが)
- 50 … ぶりだいこん (しょうが)
- 55 … 具だくさんおでん (しょうが)
- 57 … わが家じまんのカレー (しょうが)
- 71 … 棒つくね3種 (しょうが)
- 79 … ししゃもの南蛮漬け (しょうが)
- 81 … 切り干しだいこんとひじきのさっぱりサラダ (しょうが)
- 39 … 焼きズッキーニのパン粉がけ
- 81 … 切り干しだいこんとひじきのサラダ (ズッキーニ)
- 65 … カップずしパーティー (スプラウト)
- 19 … えびのエスニックサラダ (セロリ)

た

- 21 … コロコロ野菜の具だくさん汁 (だいこん)
- 50 … ぶりだいこん
- 55 … 具だくさんおでん (だいこん)
- 11 … とりとトマトのピラフ (たまねぎ)
- 11 … カリ・ポテサラダ (たまねぎ)
- 11 … パプリカのスープ (たまねぎ)
- 15 … ビーンズサラダ (たまねぎ)
- 17 … ハッシュドビーフ (たまねぎ)
- 23 … カラフル卵焼き (たまねぎ)
- 27 … アボカドディップ (たまねぎ)
- 38 … 豚ヒレ肉のポットロースト (たまねぎ)
- 57 … わが家じまんのカレー (たまねぎ)
- 57 … トマトとたまねぎのカチュンバル
- 67 … 焼きたてピザパーティー (たまねぎ)
- 73 … ミートローフ (たまねぎ)
- 77 … ベーコンとほうれんそうのキッシュ (たまねぎ)
- 78 … いかのマリネサラダ (たまねぎ)
- 81 … かぼちゃとさつまいものサラダ (たまねぎ)
- 19 … えびのエスニックサラダ (紫たまねぎ)
- 24 … サーモンのチコリカップ
- 24 … トマトとモッツァレラのカプレーゼ
- 27 … アボカドディップ (トマト)
- 53 … 魚介と野菜のオーブン焼き (トマト)
- 57 … トマトとたまねぎのカチュンバル
- 67 … 焼きたてピザパーティー (トマト)

94

- 11 … とりとトマトのピラフ (ミニトマト)
- 13 … ミニトマトときゅうりのピンチョス
- 39 … たこのカルパッチョ風サラダ (ミニトマト)
- 65 … カップずしパーティー (ミニトマト)
- 79 … ミニトマトのカラフルピクルス
- 11 … とりとトマトのピラフ (トマト水煮缶詰)

な

- 71 … 棒つくね3種 (長いも)
- 53 … なすのガーリックマリネ
- 57 … わが家じまんのカレー (なす)
- 19 … とりのはるさめヌードル (にら)
- 42 … スティック春巻き (にら)
- 69 … お好み焼きパーティー (にら)
- 21 … コロコロ野菜の具だくさん汁 (にんじん)
- 23 … カラフル卵焼き (にんじん)
- 43 … 五目炊きこみごはん (にんじん)
- 51 … にんじんとこんにゃくのくるみ白あえ
- 80 … かんたんナムル (にんじん)
- 21 … 豚スペアリブのみそ煮 (ねぎ)
- 21 … コロコロ野菜の具だくさん汁 (ねぎ)
- 46 … ルーローハン (ねぎ)
- 46 … エスニックスープ (ねぎ)
- 50 … ミニ焼きとり (ねぎ)
- 71 … 棒つくね3種 (ねぎ)
- 74 … 韓国風のり巻き (ねぎ)
- 79 … ししゃもの南蛮漬け (ねぎ)
- 80 … かんたんナムル (ねぎ)
- 69 … お好み焼きパーティー (万能ねぎ)

は

- 55 … はくさいのゆず茶あえ
- 11 … パプリカのスープ
- 46 … ピータンどうふ (パプリカ)
- 57 … わが家じまんのカレー (パプリカ)
- 67 … 焼きたてピザパーティー (パプリカ)
- 78 … いかのマリネサラダ (パプリカ)
- 67 … 焼きたてピザパーティー (ピーマン)
- 53 … 魚介と野菜のオーブン焼き (ブロッコリー)
- 57 … わが家じまんのカレー (ブロッコリー)
- 39 … たこのカルパッチョ風サラダ (ベビーリーフ)
- 77 … ベーコンとほうれんそうのキッシュ

ま

- 17 … ハッシュドビーフ (まいたけ)
- 17 … ハッシュドビーフ (マッシュルーム)
- 38 … 豚ヒレ肉のポットロースト (マッシュルーム)
- 47 … マンゴープリン
- 43 … れんこんの梅サラダ (みず菜)
- 51 … みず菜と油揚げの炊いたん
- 23 … カラフル卵焼き (みつば)
- 19 … とりのはるさめヌードル (もやし)
- 69 … お好み焼きパーティー (もやし)

ら

- 17 … 焼きベジサラダ (ラディッシュ)
- 17 … フルーツポンチ (りんご)
- 67 … アップル&シナモンピザ (りんご)
- 53 … ルッコラの生ハム巻き
- 76 … 2種のびっくりサンド (ルッコラ)
- 38 … 豚ヒレ肉のポットロースト (プリーツレタス)
- 47 … サーモンの生春巻き (プリーツレタス)
- 13 … ほたてのカルパッチョ (レモン)
- 39 … たこのカルパッチョ風サラダ (レモン)
- 53 … ルッコラの生ハム巻き (レモン)
- 76 … 2種のびっくりサンド (レモン)
- 78 … いかのマリネサラダ (レモン)
- 21 … 豚スペアリブのみそ煮 (れんこん)
- 43 … れんこんの梅サラダ
- 57 … わが家じまんのカレー (れんこん)
- 80 … かんたんナムル (れんこん)

ごはん、パン、めん、粉類

- 11 … とりとトマトのピラフ
- 13 … クリームチーズペンネ
- 19 … ナンプラー焼きおにぎり
- 23 … たいのだし茶漬け
- 43 … 五目炊きこみごはん
- 46 … ルーローハン
- 55 … ひと口切りむすび
- 60 … かんたんトライフル (カステラ)
- 65 … カップずしパーティー
- 65 … アイスクリームサンド (ビスケット)
- 67 … 焼きたてピザパーティー
- 67 … オレンジ&チーズピザ
- 67 … アップル&シナモンピザ
- 69 … お好み焼きパーティー
- 74 … 韓国風のり巻き
- 75 … うなぎ棒ずし
- 76 … 2種のびっくりサンド
- 77 … ベーコンとほうれんそうのキッシュ
- 82 … ポン・デ・ケージョ
- 83 … シリアルチョコ (コーンフレーク)
- 84 … 洋風ミニどら焼き (ホットケーキミックス)
- 85 … カトルカール

卵

- 23 … カラフル卵焼き
- 46 … ルーローハン
- 46 … ピータンどうふ
- 55 … 具だくさんおでん
- 57 … わが家じまんのカレー
- 65 … カップずしパーティー
- 70 … とりのセサミから揚げ
- 71 … 棒つくね3種
- 73 … ミートローフ
- 77 … ベーコンとほうれんそうのキッシュ
- 84 … 洋風ミニどら焼き
- 85 … カトルカール

乳製品

- 13 … クリームチーズペンネ (牛乳)
- 23 … ひと口あずきシャーベット (牛乳)
- 47 … マンゴープリン (牛乳)
- 84 … 洋風ミニどら焼き (牛乳)
- 47 … マンゴープリン (生クリーム)
- 60 … かんたんトライフル (生クリーム)
- 65 … アイスクリームサンド
- 77 … ベーコンとほうれんそうのキッシュ (生クリーム)
- 67 … オレンジ&チーズピザ (カッテージチーズ)
- 29 … カマンベールのチーズフォンデュ
- 76 … 2種のびっくりサンド (カマンベール)
- 13 … クリームチーズペンネ (クリームチーズ)
- 11 … パプリカのスープ (粉チーズ)
- 82 … ポン・デ・ケージョ (粉チーズ)
- 42 … スティック春巻き (スライスチーズ)
- 29 … ぱりぱりチーズせんべい (ピザ用チーズ)
- 53 … 魚介と野菜のオーブン焼き (ピザ用チーズ)
- 67 … 焼きたてピザパーティー (ピザ用チーズ)
- 77 … ベーコンとほうれんそうのキッシュ (ピザ用チーズ)
- 65 … カップずしパーティー (プロセスチーズ)
- 84 … 洋風ミニどら焼き (プロセスチーズ)
- 24 … トマトとモッツァレラのカプレーゼ
- 57 … ラッシー (ヨーグルト)

豆類・加工品

- 84 … 洋風ミニどら焼き (つぶあん)
- 23 … ひと口あずきシャーベット (ゆであずき)
- 43 … 五目炊きこみごはん (油揚げ)
- 51 … みず菜と油揚げの炊いたん
- 55 … 具だくさんおでん (油揚げ)
- 15 … ビーンズサラダ
- 27 … とうふディップ
- 46 … ピータンどうふ
- 51 … にんじんとこんにゃくのくるみ白あえ (とうふ)

そのほか

- 69 … フルーツ味のサイダー (オレンジジュース)
- 81 … 切り干しだいこんとひじきのサラダ
- 13 … クレソンとくるみのサラダ
- 51 … にんじんとこんにゃくのくるみ白あえ
- 53 … コーヒーゼリー
- 85 … コーヒーいもようかん
- 51 … にんじんとこんにゃくのくるみ白あえ
- 55 … 具だくさんおでん (玉こんにゃく)
- 81 … 切り干しだいこんとひじきのサラダ (桜えび)
- 69 … お好み焼きパーティー (紅しょうが)
- 75 … うなぎ棒ずし (甘酢しょうが)
- 51 … 生麩の白みそ煮
- 19 … とりのはるさめヌードル
- 42 … スティック春巻き2種
- 47 … サーモンの生春巻き
- 81 … 切り干しだいこんとひじきのサラダ
- 19 … えびのエスニックサラダ (ピーナッツ)
- 73 … ミートローフ (ミックスベジタブル)
- 15 … クラッシュゼリー (りんごジュース)

> **ベターホームのお料理教室なら**
> **"すぐに役立ち、一生使える"**
> **料理の技術が身につきます**

ベターホームのお料理教室は、全国18ヵ所で開催する料理教室です。家庭料理の基本が学べる5コースのほか、レパートリーを広げたい方には、魚のさばき方が身につく「お魚基本技術の会」、「野菜料理の会」などがあります。手づくり派には「手づくりパンの会」や「お菓子の会」も人気。男性だけのクラスもあります。

見学はいつでも大歓迎!

日程など、詳しくご案内いたしますので、全国の各事務局（下記）にお気軽にお問い合わせください。

資料請求のご案内

お料理教室の開講は年2回、5月と11月です。
パンフレットをお送りします。ホームページからも請求できます。

本 部 事 務 局	Tel.03-3407-0471	福岡事務局	Tel.092-714-2411
名古屋事務局	Tel.052-973-1391	大阪事務局	Tel.06-6376-2601
札 幌 事 務 局	Tel.011-222-3078	仙 台 教 室	Tel.022-224-2228

だれか来る日に、便利なおかず

便利シリーズ 1 作っておくと、便利なおかず
便利シリーズ 2 材料使いきり、便利なおかず
便利シリーズ 3 冷凍しておくと、便利なおかず
便利シリーズ 4 お弁当がすぐできる、便利なおかず

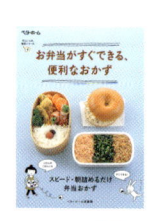

料理研究●ベターホーム協会／浜村ゆみ子　三笠かく子
撮影●大井一範
スタイリング●久保田朋子
デザイン●山岡千春
イラスト●浅生ハルミン
校正●ペーパーハウス

初版発行　2011年11月1日
7刷　　　2015年11月10日

編集　ベターホーム協会
発行　ベターホーム出版局

〒150-8363
東京都渋谷区渋谷1-15-12
〔編集〕Tel.03-3407-0471
〔出版営業〕Tel.03-3407-4871
http://www.betterhome.jp

ISBN978-4-904544-19-8
乱丁・落丁はお取替えします。本書の無断転載を禁じます。
©The Better Home Association,2011,Printed in Japan